Kristen D'Arpa

CÓMO SER UNA

FUERZA IMPARABLE

PARA EL REINO DE DIOS

Ocho maneras de ayudar a otros a encontrar el amor de Dios

Cómo Ser Una Fuerza Imparable
Para el Reino de Dios

Foto de Portada de Shifaaz Shamoon en Unsplash
Impreso en Estados Unidos de América

Para mayor información sobre otros manuales, Escuelas del Reino enseñadas en vivo, y recursos adicionales, visita: KristenDArpa.com

Dedicatoria

A mi hermano mayor, Dana

A lo largo de todos los altibajos de la vida has sido una fuerza imparable del Reino de Dios para mí.

Gracias por tomarte el tiempo de conectar con Dios y conmigo. Cuando era adolescente compartiste tu testimonio conmigo y fuiste uno de los primeros en invitarme personalmente a conocer a Jesús. Me enseñaste cómo conectar con Dios mediante la Biblia. Me ayudaste a encontrarme con el Señor presentándome con lo sobrenatural y lo profético, me lideraste primero al bautismo del Espíritu Santo cuando te llamé desde el techo de una ruina guatemalteca.

Has caminado fielmente conmigo a lo largo de los años, desde jugar juntos hasta orar conmigo en decisiones clave, y consolarme por teléfono mientras veía que se quemaba mi casa.

Has vivido cada principio en este libro y eres parte fundamental de su legado. Te amo mucho.

Sueña en grande, querido hermano, ¡y sigue siendo imparable!

Tabla de Contenido

Introducción

Este libro es acerca de ocho simples principios que puedes utilizar para conectar con las personas y demostrarles el Reino de Dios y Su amor por ellas.

Ya sea que hayas estado caminando con el Señor toda tu vida o que te hayas convertido apenas ayer, si puedes hacer estas ocho cosas confiadamente, ¡cambiarás al mundo!

En los últimos años, he tenido el privilegio de trabajar con tribus indígenas recién descubiertas, líderes de naciones, niños de la calle, adolescentes de clase media en áreas suburbanas, familias con escuela en casa, líderes de negocios, granjeros, pastores, misioneros, plantadores de iglesias, y más. He hecho ministerio en aldeas en las montañas, zonas de guerra del narco, así como restaurantes de cadenas comerciales, mesas de cocina del hogar y en las esquinas de calles.

Después de viajar a veinte naciones y convivir con muchas culturas étnicas y religiosas, estos ocho principios han resonado en mi alma como maneras universales en las que podemos compartir el amor de Jesús con los que nos rodean.

No importa quién seas o dónde estés, si puedes entretejer estos ocho principios con tu vida diaria, te convertirás en una fuerza imparable para el Reino de Dios. Estos principios funcionarán para cualquier edad, para cualquier cultura y en cualquier contexto.

Ahora, antes de adentrarnos a las ocho áreas, por favor toma en cuenta que estos principios están construidos sobre los siguientes fundamentos. Revisa si estas declaraciones suenan verdaderas acerca de tu propia vida.

Tengo una Sana:

Relación con Jesús

He tomado la decisión de hacer a Jesús el Señor de mi vida y de tenerlo como el fundamento y el centro de todo lo que hago. (¡Si no has hecho esto aún, hoy es un buen día para hacerlo! Mira las páginas 42-46.)

Identidad (Sentido del yo)

Sé que Papá me ama y estoy conectado con Él gracias a lo que Jesús hizo por mí, y no a todo mi esfuerzo. No hago las cosas para conseguir caerle bien a Jesús o a la gente, sino que sé que soy tan amado que simplemente quiero desbordar bondad al mundo que me rodea.

Cosmovisión del Reino

Leo mi Biblia regularmente y construyo mi vida en las verdades que contiene. Sé que Jesús es un Dios bueno que tiene planes buenos para Su buen mundo. Estoy arraigado y motivado por la esperanza y el amor, no por una reacción al miedo o el juicio.

Comunidad (Familia, amigos, comunidad de la iglesia, etc.)

Estoy involucrado con otras personas en mi vida a las que conozco bien y me conocen bien. Estoy conectado a una iglesia local y mi familia y yo tenemos amistades saludables. Rindo cuentas a otros y le permito a la gente hablar a mi vida.

Cuando nuestras vidas están construidas sobre un fundamento sólido, podemos volvernos a otros y ser una fuerza imparable para el Reino de Dios. Cuando conocemos a la gente, queremos conectar con ella, ayudarle a encontrar el amor de Dios, e invitarla a acercarse más al Señor.

Una Zona Libre de Culpa

Seas amigo o un completo desconocido, como cristianos a veces nos presionamos a nosotros mismos cuando hablamos con otros sobre cuestiones espirituales. A veces sentimos que tenemos que "salvar al mundo", y se siente abrumante no hacer nada. Por ejemplo, cuando yo estaba en la escuela de ministerio, nuestros maestros nos hablaban tanto acerca de siempre compartirle a los que están a nuestro alrededor que me sentía culpable si iba al supermercado sin estar dispuesta a orar por todo aquel que viera con muletas o en silla de ruedas. En este caso yo estaba viviendo desde la culpa y la inseguridad en vez de vivir desde el amor y la esperanza (además de establecer buenos límites porque ni Jesús oró por todas las personas a las que vio). Lo que quiero decir es que no necesitamos presionarnos ni poner expectativas sobre nosotros mismos de salvar a todos. No podemos hacer todo, pero podemos hacer algo.

Si te Da un Poco de Miedo, Solo adelántale. . .

A veces, atreverte a hablarle a los demás de las cosas espirituales puede asustarte. Un sabio pastor me dijo una vez que al tomar una decisión, debemos adelantarle para ver como ser vería nuestra decisión de este momento un poco después. Me dijo que el camino del diablo muchas veces tiene ganancia a corto plazo y dolor a largo plazo, y que el camino de Jesús a menudo puede doler un poco (o yo diría que sentirse incómodo) en el momento, pero nos llevará a una ganancia a largo plazo. Si te asusta un poco hablarle a otra persona, sólo adelántale en tu mente al punto a donde te puede llevar ese momento, al hacerlo verás que probablemente vale la pena el riesgo.

Cuando aplicamos esto al hablar con la gente de asuntos espirituales, podemos ver que a menudo lo peor que puede pasar (en el momento) es que alguien no esté interesado en lo que estamos diciendo, y que nos sintamos un poco incómodos o avergonzados. Por otro lado, lo mejor que puede pasar es que la persona le dé su vida a Jesús, reciba sanidad, sepa que es amado ¡y que su vida y la de los miembros de su familia sea transformada para siempre!

Si te sientes un poco nervioso, te propongo que lo mejor que puede pasar vale el riesgo por encima de lo peor que puede pasar.

Solamente Cosas Buenas, Por Favor

Cuando le ministremos a otros con la intención de demostrarles el amor de Dios, solamente decimos, oramos, profetizamos o declaramos "lo bueno". Filipenses 4:8-9 nos dice que solamente pensemos en lo que es bueno y honesto. En 1 Corintios 14:3, leemos que la profecía es para edificar y consolar. Si tienes un sentir de que algo es negativo de alguna manera (si es acerca de que sucede o sucederá algo malo, algo que alguien está haciendo, un pecado secreto, etc.) —aún si es solo un pequeño sentir— NO lo ores, declares, ni lo profetices. Descansamos en el conocimiento de que la luz echa fuera a la oscuridad, entonces no tenemos necesidad de concentrarnos, ni de mencionar a la oscuridad. Tampoco ministramos ninguna palabra de dirección ni de corrección. Si una persona necesita ser confrontada, o que le hablen de un problema, eso puede hacerse en el contexto de una relación en conexión. NO debe compartirse como una oración o una palabra profética de parte del Señor.

Sé Breve y Conciso

Por último, por favor sé consciente de que las personas, incluyéndote, a veces están ocupadas. No tenemos que hablar mucho tiempo para poder ser una bendición. Muchas veces, estar completamente presente durante una interacción breve puede tener más impacto que si la gente siente que le están quitando mucho tiempo.

Panorama General

Todos los principios de este libro se pueden resumir en tres palabras: **Conectar**, **Encontrarse**, **Invitar**. Después de haber estudiado y enseñado varios métodos de alcance por todo el mundo, creo que todas las demostraciones del Reino de Dios se pueden sintetizar en esas palabras.

Como creyentes, es nuestro privilegio alcanzar a aquellos que nos rodean y compartirles las Buenas Nuevas de Jesús. Deseamos compartir nuestra fe con otros y eso comienza simplemente amando a la persona que tengamos en frente, viéndola como Jesús la ve, y mirándola con un corazón compasivo. Al hablar con cada persona queremos conectar con ella, ayudarle a encontrarse con el Señor, e invitarla a acercarse más a Jesús. Fíjate en lo que el Espíritu Santo está haciendo y qué tan lejos puedes llevar la conversación para ayudar a la persona a avanzar en el Reino.

Conecta: Tómate el tiempo de valorar a la persona con la que estás hablando por quien es sin tener intenciones secretas. Esto puede ser simplemente comenzando una conversación (cualquier conversación, no una espiritual), haciéndole un cumplido, presentándote, haciéndole preguntas, y/o viendo por qué cosa necesita oración. Escúchala sinceramente, busca realmente entender lo que te está diciendo, y permítele desenvolverse haciéndole más preguntas.

Encontrarse: Le debemos al mundo un encuentro con el Dios vivo. Queremos que se encuentren con Su amor, presencia, poder, bondad, sanidad, y palabra personal para ellos. Esto puede hacerse orando por las personas, ministrando la presencia del Señor, sanando a los enfermos, profetizando palabras de vida y ánimo, o manifestando el don del Espíritu que acerque a la persona al Señor.

Invitar: Invita a la persona a conocer a Jesús a un nivel más profundo. Puede ser compartiendo tu testimonio de salvación o un testimonio reciente, compartiendo el evangelio, e invitando a la persona a recibir todo lo que Jesús tiene para él/ella. Si se presenta la oportunidad, pregúntale a la persona si quiere rendir su vida a Jesús y prepárate para que diga "sí", y que ores con él/ella.

La salvación presenta a la gente con Jesús y es el primer paso hacia una vida nueva en el Reino. La salvación de la gente es solamente el inicio y conforme van creciendo como creyentes, debemos caminar a su lado y ayudar a discipularlos para que crezcan en Dios. Estamos emocionados y no nos avergonzamos de compartir las Buenas Noticias del Reino ya sea que estemos sembrando, regando, o trayendo la cosecha. Mientras que nos sintamos cómodos siendo nosotros mismos auténticamente y demostrando el Reino, vamos a encontrar que mucha gente quiere unirse a este caminar.

Éste es un panorama general del resto del libro:

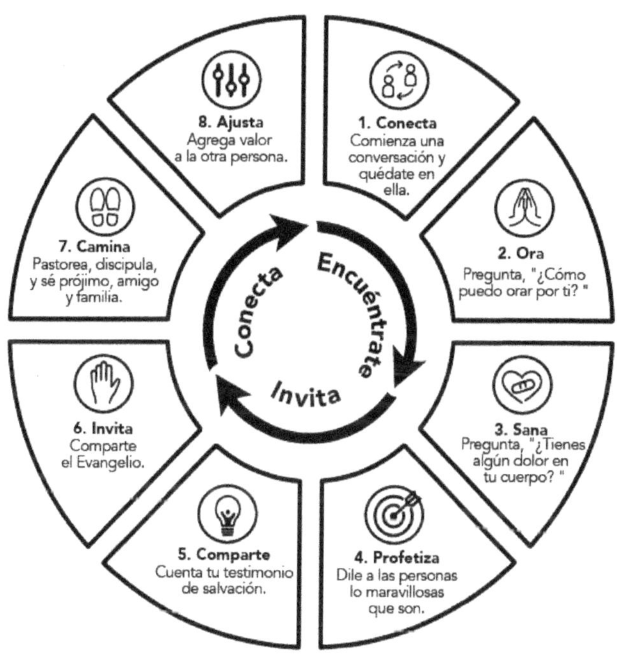

Ahora vamos a adentrarnos en los ocho principios específicos que te harán una fuerza imparable para el Reino de Dios.

1. Conecta

Comienza y quédate en una conversación con alguien, sin actuar raro.

Jesús se sentó cerca de un pozo de agua y pidió de tomar (Juan 4:7), también el siervo de Abraham cuando fue a encontrarle una novia a Isaac (Génesis 24:17). Jesús habló con algunos discípulos de camino a Emaús (Lucas 24:13). Éstas no comenzaron como conversaciones espirituales. Simplemente comenzaron como conversaciones.

Poder conectar con una persona significa que primero necesitamos poder conectar bien con nosotros mismos. Si me siento una persona incómoda, entonces los demás se sentirán así cuando estén conmigo. Si me siento confiada en quién soy, entonces los demás se sentirán más cómodos hablando conmigo.

Cuando era adolescente, yo era la persona más rara que había conocido. Una vez un chico trató de charlar conmigo en una reunión familiar. Yo tenía tanto miedo de hablar con alguien de mi edad que me escondí en un rincón acariciando obsesivamente a un gato, y respondiendo a todos sus intentos de conocerme con "sí" y "no".

Cuando era adulta joven, un pastor de jóvenes compartió con un grupo de nosotros sobre la importancia de hablar con no creyentes. Como él trabajaba en una iglesia, dijo que muchas veces tenía que esforzarse para encontrar personas con quiénes pudiera charlar, fuera el cajero del supermercado o personas esperando en la fila de las tiendas comerciales. Nos animó a simplemente comenzar conversaciones con la gente – ni siquiera para hablar de cosas espirituales, sino sencillamente hablar. Cuando comencé a hacer eso en mi vida diaria, se volvió más fácil hablar con la gente. Ahora, muchos años después, soy una conferencista.

¿Por qué esto Es Importante?

Si no podemos tener una simple conversación con otra persona, se vuelve difícil alentarlos de cualquier modo espiritual. Cuando queremos hablar de asuntos espirituales, a menudo abordamos a la gente con herramientas que se sienten forzadas o falsas si no podemos valorarlos lo suficiente como personas a las cuales escuchar sin tener motivos alternativos.

Ahora es tu Turno:

Hazte el propósito de comenzar a hablar intencionalmente con gente con la que normalmente no hablarías. Comienza con un "hola" o preséntate y pregúntale su nombre. Hazle un cumplido a sus zapatos o pregúntale si le gusta la marca del producto que están comprando. Solamente di lo que sea para empezar a hablar con la gente de un modo que se sienta auténtico a quién eres como persona. Ésta no necesita ser una conversación espiritual. Probablemente es mejor solo entablar una conversación con la gente sin tener un plan secreto porque una vez que ejercitas ese 'músculo', será más fácil que el Señor te direccione más allá.

2. Ora

Pregunta, "¿Cómo puedo orar por ti?" y ora ahí mismo de forma no religiosa.

Santiago 5:16b en la NVI nos dice que, "La oración del justo es poderosa y eficaz." En 1 Tesalonicenses 5:17, el apóstol Pablo nos dice que "oremos sin cesar". Aunque muy probablemente se refiere a estar siempre en comunión con el Señor, también es razonable decir que si estamos orando sin cesar, también vamos a llevar a otros a esas oraciones y a orar por ellos.

Después de comenzar una conversación con alguien, sea un buen amigo o un completo desconocido, muchas veces digo, **"Me gusta orar por la gente. ¿Cómo puedo orar por ti?"** Es importante que NO digas, ¿Puedo orar por ti?" por que esa es una pregunta a la que se responde "sí" o "no". Mejor hazle una pregunta abierta, **"¿CÓMO puedo orar por ti?"** Al hacer así la pregunta asumes que quiere oración y si no está interesado, te lo dirá (y eso también está bien).

A estas alturas es importante que NO te esperes hasta después para orar, que no ores en voz demasiado baja, ni ores solo en tu mente. Mejor ora por él/ella en ese momento y en ese lugar, en voz alta. Ni siquiera necesitas cerrar tus ojos ni inclinar tu cabeza. Simplemente sigue hablando con la persona, mantén tus ojos abiertos como en una conversación normal, y haz la transición de la conversación a hablar con el Señor acerca de lo que te pidió la persona. Esto es especialmente importante cuando estás hablando con alguien como la cajera del supermercado o alguien que esté ocupado trabajando, ya que quieres honrar su tiempo y no llamar la atención innecesariamente. Normalmente yo ni les pregunto si puedo orar en ese momento, sino que sigo hablándoles y luego cambio mi conversación a una oración. ¡Te sorprenderá cuantas personas están completamente abiertas a la oración!

Es muy importante que mantengas tus ojos abiertos y le prestes atención a lo que está sucediendo mientras oras. Si quieres poner tu mano sobre la otra persona, en especial si necesita sanidad, asegúrate de preguntarle si le parece bien. Yo usualmente digo algo como, "Vamos a orar en este momento. ¿Está bien si pongo mi mano en tu hombro, etc.?" Sé sensible; si estás orando por alguien del género opuesto asegúrate de no ponerle en una situación incómoda. Yo le digo a la gente que practique orar, cómo oraría por un político ocupado en una oficina de gobierno. Si nos acostumbramos a orar así siempre, fácilmente estaremos listos para orar por la gente tanto dentro de la iglesia como en nuestra vida cotidiana.

Una vez estaba dirigiendo una escuela de ministerio en Brasil y estábamos enseñando a los estudiantes cómo deben orar por las necesidades de los demás como creyentes y también cómo orar por la gente fuera de la iglesia. Enviamos algunos equipos a orar por la gente en la comunidad. Los equipos regresaron muy emocionados. Habiendo salido simplemente a amar a la gente y orar por ella, nos dijeron, "fuimos a casas de borrachos, narcotraficantes, y brujas ¡y TODOS fueron sanados y salvos!"

Después de que llegué a casa de mi viaje estaba teniendo un momento de auto-lástima y le dije al Señor, "Señor, voy a ir de compras pero NO le voy a ministrar a nadie." Me estaba sintiendo agotada y triste y realmente no quería entablar conversación con nadie. Era uno de esos días en los que sientes que "ay de mí, estoy desalentada y sintiéndome introspectiva".

Mientras estaba comprando un regalo personalizado para una amiga, tuve que esperar en la tienda hasta que terminaran de crear el objeto así que comencé a charlar con la vendedora del mostrador. (Advertencia: comenzar una conversación con otra persona sin intenciones de nada, muchas veces te lleva a ministrar...). Esta señora estaba hablando de política y "energía" y casi de todo.

Yo quería mantenerme alejada de una discusión. Finalmente tuve que hacerlo, le lancé la pregunta, "Me gusta orar por la gente, ¿por qué cosa podría orar por ti?" Me miró y dijo, "pues, me gustaría mucho recibir oración para saber si Dios es real. Le he estado pidiendo una señal que pruebe Su existencia y siento que Él está tocando a la puerta de mi vida."

Me quedé boquiabierta y me recompuse para atender la invitación más abierta a compartir el Evangelio que había escuchado de alguien. Le dije, "yo soy tu señal, Dios es real, y por cierto, eso de que Él toca a la puerta de tu vida de hecho es un versículo de la Biblia." Proseguí compartiéndole mi testimonio y el Evangelio. Aunque no estaba lista para recibir al Señor en ese momento sí pude orar por ella y terminó sollozando en mis brazos. Todo esto sucedió cuando estaba en mi día de "siento lástima por mí misma y no voy a orar por nadie." Nunca sabes que sucederá si simplemente le preguntas a alguien si puedes orar por él/ella.

Una vez mis papás y yo estábamos celebrando el cumpleaños de mi papá en un restaurante y le pregunté a nuestra mesera cómo podía orar por ella. Compartió algunas cosas que estaban sucediendo en su vida y pudimos orar por ella en ese momento. Eso abrió la puerta para que yo pudiera compartirle mi testimonio y el Evangelio. Ella se sentó en la mesa con nosotros y ¡oró para rendir su vida a Jesús! Antes de irnos le dimos uno de los globos de cumpleaños de mi papá para celebrar su nuevo nacimiento.

Cuando tengo que hacer una llamada a servicio a cliente normalmente el representante me pregunta al final de la conversación si hay alguna otra cosa en la que pueda asistirme. He escuchado que se supone que no le pueden colgar al cliente hasta que el cliente así lo desee, así que mi idea es que tengo una audiencia cautiva. La mayoría de las veces digo algo como, "sé que esto no tiene nada que ver con __________ (mi tarjeta de crédito, el internet, mi servicio, etc.) pero me gusta orar por la gente. ¿Cómo puedo orar por ti?" La mayoría de las veces me dicen algo y tengo la oportunidad de orar por ellos por teléfono. A veces terminan llorando y casi todas las veces me dan las gracias y se sienten conmovidos.

¿Por qué esto Es Importante?

El noventa y nueve por ciento de las veces, preguntar cómo puedes orar por alguien se percibe como algo franco y no-amenazante. Lo peor que alguien puede decir es, "No, no quiero oración", o "no creo en Dios".

Pero la mayoría de las veces la gente está abierta y compartirá algo contigo. Cuando te tomas el tiempo, aún si es brevemente, de orar de manera no religiosa en ese momento y en ese lugar, la gente usualmente te lo agradecerá y se abrirá aún más contigo. Preguntar cómo puedes orar por la gente muestra que te importa pero que no tienes otras intenciones, y le permite tener un lugar seguro para compartir si así lo desea. Esto funciona bien tanto con los desconocidos como con los que conocemos. Si normalmente le preguntáramos a los creyentes como podemos orar por ellos y ministrarles en ese momento, eso también los edificaría y fortalecería nuestras conexiones con el cuerpo de Cristo.

Ahora Es tu Turno:

Hazte el propósito de habituarte a preguntarle a la gente si puedes orar por ella y ora por ella en el lugar y el momento. Ora brevemente con los ojos abiertos, como si estuvieras continuando la conversación. Prueba hacer eso con la gente que conoces bien, como tu familia o tus amigos de la iglesia. También entabla conversaciones con gente que no conoces y pregúntale cómo puedes orar por ella.

Si estás en un restaurante le puedes decir al mesero, "Vamos a orar por la comida cuando llegue, y al hacerlo ¿cómo podemos orar también por ti?" Esto le hace saber que le importas pero que no le vas a quitar su tiempo si está ocupado. Si parece abierto y tiene tiempo, puedes orar por él mientras que está ahí. También puedes preguntarle a los vendedores telefónicos o agentes de servicio a cliente cómo puedes orar por ellos al final de la llamada y orar por ellos por teléfono.

Si quieres ser más específico, le puedes preguntar a la gente si tiene algún dolor en su cuerpo o si necesita sanidad física. Muchas veces la gente tiene dolor o alguna enfermedad pero no piensan en pedir oración. Puedes decir, "Me gusta orar por la gente por sanidad. ¿Hay algún dolor o enfermedad en tu cuerpo por el que pueda orar en este momento?"

Entre más incorpores a tu rutina diaria el preguntarle a otros si necesitan oración, más puertas se abrirán para que puedas compartirle del Señor a la gente. No tengas miedo preguntarle incluso a líderes de alto nivel cómo puedes orar por ellos, ya que la mayoría de la gente está tratando de obtener algo de estos líderes y rara vez pregunta qué puede hacer por ellos.

Para mucha gente esto será suficiente conexión y encuentro para que puedas hacer la transición a compartir tu testimonio y el Evangelio. También puedes pasar tiempo orando por sanidad y profetizándole para ayudarle a encontrarse más con el Señor, que es de lo que hablaremos en las siguientes dos secciones.

3. Sana

Pregunta, "¿Tienes algún dolor en tu cuerpo o alguna cosa que te dé problema?"

En Mateo 10:8 Jesús le dijo a sus seguidores, "Sanad enfermos, limpiad leprosos, resucitad muertos, echad fuera demonios; de gracia recibisteis, dad de gracia."

Jesús sanó a todas las personas que vinieron a Él y nos dijo que hiciéramos lo que Él hizo. El Reino de Dios es perfecto, sin enfermedad ni dolencia de ningún tipo. Jesús no puede dar enfermedad porque Él no tiene ninguna. Jesús nos dijo que oráramos para que viniera el Reino de Dios a la tierra así como es en el Cielo. Por lo tanto es nuestro trabajo desatar sanidad en todas sus formas acá en la Tierra. Jesús dijo que no es más difícil decirle al cojo levántate y camina que decirle que sus pecados le son perdonados (Mateo 9:1-8). Jesús pagó por todos los pecados y tenemos fe de que la gente puede nacer de nuevo. También sabemos que Él pagó por todas las enfermedades y que podemos tener el mismo nivel de fe para que la gente sea sanada.

Lo más importante que podemos hacer cuando estemos sanando a los enfermos es seguir la dirección del Espíritu Santo. Por lo tanto comenzamos por invitar al Espíritu Santo a venir a tocar a la persona a la que le estamos ministrando. Si queremos imponerle manos, primero preguntamos y solamente tocamos los lugares apropiados. Siempre oramos con gran compasión y cuidado (Mateo 14:14) y mantenemos nuestros ojos abiertos para ver lo que Jesús está haciendo. No debemos de ponernos introspectivos para contemplar si nos sentimos suficientemente santos o si últimamente hemos leído nuestra Biblia lo suficiente para que Dios nos use. Sabemos que toda la sanidad es muy fácil para Jesús y debemos enfocarnos más en Él que en nosotros mismos o en el problema que está frente a nosotros.

Cuando Jesús o los discípulos ministraron sanidad, declararon en voz alta y/o hicieron alguna acción. Por lo tanto cuando sanamos a los enfermos debemos declarar palabras de fe y sanidad en vez de solamente pensarlas. Como Santiago 2:17 dice que la fe sin obras es muerta, le pedimos a la gente que ponga su fe en acción e inmediatamente pruebe su sanidad para ver lo que está haciendo Jesús. Si no es completamente sanada después de la primera vez que oramos, podemos declarar sanidad sobre la persona una vez más, como lo hizo Jesús en Marcos 8:25.

Aunque no necesitamos gritar, declaramos con gran autoridad, así como le diríamos valientemente a un gran perro enfadado que se alejara de un niño pequeño. Ordenamos, en voz alta, que todo el dolor y la enfermedad se vayan, y sea sano en el nombre de Jesús. Siempre oramos con fe por una sanidad inmediata (Mateo 9:29) pero sabemos que aún si no vemos un cambio inmediato, algunas sanidades vienen con el tiempo (Lucas 17:14). Jesús nunca sanó dos veces de la misma manera, así que sanar a los enfermos es más acerca de estar conectados con Su corazón que acerca de un método.

Hace años me apunté para ser voluntaria en las Salas de Sanidad en la Iglesia Betel en Redding, California. Me asignaron a un equipo de oración con otro joven y un niño de nueve años. En mi primer día de ser voluntaria la primera persona por la que oramos llegó con cinco tumores en su hígado y cáncer de colon e hígado en etapa cuatro. Él ya tenía programada una cirugía unos días después y estaba desesperado por un milagro.

Puede ser intimidante orar por algo "grande y atemorizante" como el cáncer. Sin embargo, cuando lo piensas bien, no es más difícil para Jesús sanar un cáncer que un dolor de cabeza. Le preguntamos al hombre si podíamos tocarlo y luego oramos por él solo un par de minutos. No hicimos ninguna oración profunda, sino que simplemente tomamos autoridad sobre la enfermedad, le ordenamos a los tumores que se disolvieran, a las células cancerígenas que murieran, y a las células saludables que vivieran en el nombre de Jesús. Después de dos o tres minutos de oración, le pedimos que comprobara en su cuerpo si sentía alguna diferencia. Sus ojos comenzaron a llenarse de lágrimas mientras nos contaba que ya no sentía los tumores debajo de su piel como antes. Algún tiempo después, recuerdo haber escuchado que regresó con el doctor quien lo dio de alta por completo, declarándolo saludable.

Más adelante en ese mismo año, le estaba ayudando a un amigo a hacer una venta de garaje y dos de sus nietas estaban también con nosotros. Creo que tenían ocho y diez años. Yo comencé a contarles testimonios de sanidad y ellas se emocionaron mucho. Les pregunté si necesitaban oración por algo, pero estaban muy saludables. Luego una de ellas recordó que tenía un pellejito salido en la uña del dedo (tal vez causado por ella misma con tal de que tuviéramos algo por que orar). Oramos por su dedo y le dijimos que lo probara, pero se sentía igual. Volvimos a orar, y le siguió doliendo. Volvimos a orar una y otra vez. ¡Como a la quinta vez ella comenzó a saltar de gozo diciendo que su dedito se había sanado! Se emocionó tanto que me pidió que la llevara a la tienda de conveniencia a buscar gente por la cual orar. También se compró un diario con su mesada para poder tener un lugar donde escribir los testimonios de la gente por la que orara y fuera sana.

¿Por qué sanó más rápido un cáncer en etapa cuatro que el dedito de la niña? No lo sé, pero ambos fueron sanados. ¿Por qué no todos se sanan? No lo sé, pero sé que la sanidad siempre es la voluntad de Dios. Aún en el Antiguo Testamento uno de los nombres de Dios era Jehovah Raphá, que significa "El Señor es mi Sanador". ¿Qué pasa si oramos por alguien y no se sana? Pues, ¿qué pasa si oramos y sí se sana?

Jesús no repitió su manera de sanar a las personas, así que aprender a sanar a los enfermos se trata más de estar conectados a Su corazón que de aprender un modelo. Aún así, es útil aprender principios para sanar a los enfermos y la siguiente herramienta del "Modelo de Cinco Pasos para la Sanidad" es poderosa y concreta. Puedes recordar cada paso mirando los dedos de una de tus manos. Este modelo funciona tanto para ser usado personalmente como para enseñar a otros a sanar a los enfermos. Al aprender este modelo de sanidad, recuerda siempre concentrarte más en el Príncipe (Jesús) que en los principios.

Modelo de Sanidad de Cinco Pasos

1. **Entrevista**: Encuentra a un compañero y pregúntale, ¿sientes dolor en tu cuerpo o algo que esté evitando que tu cuerpo funcione correctamente? Haz que te lo cuente en 30 segundos o menos. Si es algo que siente en ese momento, pídele que te diga un número de qué tanto le duele en la escala del 1 al 10 (donde 1 es casi sin dolor y el 10 es dolor insoportable). Pregúntale, "¿Puedo poner mi mano?" Si dice que sí, pon tu mano en la parte del cuerpo que necesite sanidad si es una parte apropiada. De lo contrario, pídele a la persona que ponga su mano donde necesita la sanidad y pon tu mano sobre la suya o sobre su hombro. Mantén tus ojos abiertos para que puedas ver lo que está sucediendo.

2. **Declara:** Invita al Señor a tocarle diciendo "ven, Espíritu Santo." Inclina tu corazón hacia la persona con amor y compasión y descansa en la presencia del Señor. Declara en voz alta, "dolor, vete en el nombre de Jesús." "(Nombra la condición específica) sé sanada en el nombre de Jesús." Si es necesario, alienta a la persona a solamente recibir y no estar orando contigo. No necesitas orar mucho tiempo.

3. **Comprueba:** Pídele a la persona que compruebe o haga algo que no podía hacer antes para que ponga su fe en acción. Pregunta en qué número está ahora el dolor. Revisa si se siente mejor o no.

4. **Repite** si es Necesario: Si no está 100% sanado, ¡entonces celebra! Si siente algún porcentaje de sanidad, dale gracias a Dios por lo que ya ha sucedido y declara sanidad otra vez. Si no siente diferencia, aliéntale y declara sanidad otra vez.

5. **Da Seguimiento:** Alienta a la persona diciéndole lo mucho que Jesús le ama y a dar gracias por el nivel de sanidad que haya recibido. Si no fue sanada por completo NO es tu trabajo averiguar por qué (NO te preguntes si tú o la persona tuvieron o no suficiente fe). Recuérdale que cada vez que oramos algo sucede, algunas sanidades suceden con el tiempo, y debería seguir buscando al Señor para su sanidad completa. Si no conoce a Jesús, llévale al Señor. Si ministraste sanidad a un grupo de personas, pídele a la gente que fue sanada que levante la mano con un dedo levantado por cada condición de la que fue sanada; cuéntalas y comparte testimonios.

¿Por qué esto Es Importante?

Jesús nos ordenó sanar a los enfermos y hacer lo que Él hacía. Dijo que haríamos cosas aún mayores de las que Él había hecho. La voluntad de Dios siempre es la sanidad y la plenitud, entonces cuando le ministramos sanidad a alguien estamos demostrándole el Reino de Dios. Podemos traer sanidad no nada más a individuos sino también a familias completas, negocios, tribus, terrenos geográficos, ciudades, naciones, y áreas de la sociedad.

Ahora Es tu Turno:

¿A quién conoces que necesite sanidad? ¿Cuándo y cómo vas a orar por ellos? Puede ser en persona o por teléfono. Cuando veas gente con bastón, en silla de ruedas, o con muletas en público, pregúntale qué le pasó y si puedes orar por sanidad. Luego ora inmediatamente. Siempre recuerda pedirles que revisen su cuerpo en ese momento y que te digan si sienten alguna mejoría. Pedirle a una persona que mida su dolor del 1 al 10 antes de orar te puede ayudar a verificar el milagro cuando le preguntes el número después de haber orado. Recuerda el principio que dice, "cada vez que oramos, algo sucede".

Recursos Adicionales:

- *Power to Heal* (*Poder para Sanar*) y *School of Healing and Impartation* (*Escuela de Sanidad e Impartición*) de Randy Clark, globalawakening.com
- *How to Pray for Healing* (*Cómo orar por Sanidad*) de Rubens Cunha, www.GGA.global
- *Walking in Supernatural Healing Power* (*Camina en el Poder Sobrenatural de la Sanidad*) de Chris Gore
- *Unlocking Heaven* (*Abriendo el Cielo*) de Kevin Dedmon

4. Profetiza

Dile a la gente lo maravillosa que es.

“Empéñense en seguir el amor y ambicionen los dones espirituales, sobre todo el de profecía…el que profetiza habla a los demás para edificarlos, animarlos y consolarlos.” - 1 Corintios 14:1,3 NVI.

¡Nuestro Padre es realmente un buen Papá que ama profundamente a Sus Hijos! Como cualquier buen padre, Él ama interactuar con nosotros hablándonos, liderándonos y mostrándonos cosas. Él nos hizo y sabe cual es la mejor manera de comunicarse con nosotros.

A diferencia del Antiguo Testamento en el que solamente la gente ungida podía escuchar de Dios o profetizar, en el Nuevo Testamento todos los creyentes tienen al Espíritu Santo y pueden escuchar de Dios para sí mismos y para profetizarle a otros. Mientras que la profecía del Antiguo Testamento muchas veces contenía juicio, la profecía del Nuevo Testamento no contiene juicio porque todo ha sido redimido por Jesús. Jesús dijo que somos sus ovejas, y por esa razón, escuchamos Su voz. La profecía es para edificación, exhortación, y consuelo. Otra manera de decirlo es que es para dar ánimo, conmover, o echar porras.

Cuando profetizamos, solo escuchamos o miramos a las cosas buenas que son verdaderas en el Cielo. Si tenemos un sentir de algo negativo no lo decimos sino que le "damos la vuelta" para hacerlo algo positivo. No siempre necesitamos compartir todo lo que sentimos con la persona, sino que podemos filtrar lo que estamos recibiendo y compartir lo que sea más beneficioso que esa persona escuche. Decimos algo como, "siento que Dios está diciendo," cuando estemos compartiendo las palabras proféticas para que la persona recibiendo la palabra tenga espacio para juzgar la palabra por sí misma. No profetizamos palabras direccionales como fechas, parejas o bebés. Solo porque alguien diga, "Jesús me dijo," no significa necesariamente que Jesús le haya dicho. Cada uno de nosotros somos poderosos para decidir si vamos a recibir las palabras que nos den completa o parcialmente, o sí las vamos a desechar si sentimos que no vienen de Dios.

Todos los creyentes escuchan de Dios y el Señor nos habla de una variedad de formas. Muchas veces Él nos habla dándonos impresiones o imágenes (como una foto) en nuestra mente. Así como hay canciones e imágenes en cualquier espacio y cualquiera que tenga radio o internet en un celular puede 'sintonizarlas', así también nosotros podemos elegir sintonizar las cosas buenas que Dios está diciendo sobre otros.

El corazón de toda la profecía es comunicar amor y apuntar a la gente hacia la realidad de lo que es verdad en el Cielo para su vida. Así como los cazadores de tesoros, no necesitamos hablar de la suciedad que vemos en su vida, sino que declaramos el oro que encontramos y le prestamos atención a lo que es bueno, verdadero y precioso de la gente.

Profecías con Base en el Nombre

Hay muchas maneras en las que podemos profetizarle a otras personas, pero una de mis maneras favoritas es **decirle a la persona lo maravillosa que es con base en su nombre.** Le pregunto su nombre y luego le pregunto al Señor lo que Él piensa de la persona con base en la primera letra de su primer nombre o en cada letra de su nombre.

Solía escribírselo a la gente como un acróstico de nombre, pero luego comencé a expresarlo verbalmente porque es más rápido y más interactivo en el momento. Esto comenzó una noche cuando estaba en un alcance evangelista en las calles del centro de Minneapolis, Minnesota. Yo estaba con unos creyentes muy lindos que estaban ofreciendo panfletos y orar por la gente, pero una joven adolescente vestida de blusa escotada y falda corta en la parada del bus en donde estábamos no estaba interesada ni en el panfleto ni en la oración. De alguna manera se me ocurrió la idea y le dije, "estamos diciéndole a la gente lo maravillosa que es con base en su nombre. ¿Podemos decirte lo maravillosa que eres con base en tu nombre?" Dejó de enviar su mensaje de texto, guardó su teléfono, levantó la mirada y dijo que sí, podíamos decirle. Yo elegí la primera letra de su nombre y le pedí a los lindos creyentes que estaban conmigo que cada uno tomara las letras subsecuentes. Estas cosas son tan sencillas pero concretas, breves, poderosas y tocan los corazones de las personas.

Una vez estaba en un avión y le pregunté su nombre al muchacho sentado a mi lado. De momento no recuerdo el nombre, pero me acuerdo que comenzaba con la letra "A". Lo primero que me vino a la cabeza fue la palabra "asombroso" pero no la dije porque pensé que sonaba cliché. Luego le pregunté lo que significaba su nombre y me dijo, "mi nombre es 'asombroso' en árabe." ¡Wow, cómo me hubiera encantado compartir esa palabra con él!

Utilizar los nombres de las personas para profetizarles funciona en especial con la gente que utiliza gafetes, como los empleados de las tiendas. Si voy a comprar algo de alguien que traiga un gafete con su nombre, muchas veces comienzo a hablarle y digo algo como:

"Jane, eres:
Justo una gran amiga de la gente
Asombrosamente amable
Nunca te falta un buen consejo, llena de
Energía y ánimo."

O tal vez diga algo como, "Hola Jane, cuando veo tu nombre la letra 'J' me resalta. Siento que eres una persona con un gran corazón por la justicia y que eres alguien que defiende a las personas maltratadas y eso es un don en tu vida. ¿Es así o esto te hace sentido?"

En otra ocasión estaba en las calles de Minneapolis y comencé una conversación con una mujer indigente. Le empecé a profetizar con base en su nombre y su rostro comenzó brillar. Esto me abrió la puerta para compartirle el Evangelio ¡y ella rindió su vida a Jesús ahí mismo al lado de la calle!

Por último, mucha gente sabe cuál es el significado de su nombre, así que es una excelente manera de comenzar una conversación preguntarle, "¿Sabes qué significa tu nombre?" Si dice, "sí", pídele que comparta el significado contigo. En tu corazón, pregúntale al Señor que más quiere compartirle a la persona con base en el significado del nombre y luego compártele algo alentador. Si no sabe lo que significa su nombre, no tienes que buscar el significado real sino que puedes hacer la transición a decirle lo asombroso que es con base en su nombre y hacer el ejercicio que hicimos arriba con él/ella.

Profecías Basadas en las Imágenes

Otra manera en la que me encanta profetizarle a la gente es a través de imágenes. Le pido al Señor que me muestre una imagen para una persona y lo que significa para ella. Luego le cuento sobre la imagen, o hago un dibujo o incluso le doy una fotografía y le explico lo que sentí que Jesús quería que le dijera. A veces ni siquiera necesito decirle sobre la imagen que siento para él/ella, sino que solamente le dijo lo que siento que Dios le quiere decir.

Fotografías y Cuadros

En especial me encanta darle a la gente palabras proféticas con cuadros pintados o fotografías. Me ha tocado que gente me rechace gorros y guantes a veintiséis grados bajo cero de alguna noche en Minnesota, pero haga fila en el frío por una fotografía. No sé exactamente porqué, pero básicamente a todos les gusta obtener una fotografía gratis (o un dibujo o algún tipo de pintura).

Un amigo mío estaba parado en la calle cuando llegó un hombre de una fe diferente en una motocicleta y se detuvo para hablar con él. Mi amigo le dio un cuadro de una flor y le dijo que era hermoso y creativo como la flor y que Dios quería que Le conociera. ¡El hombre asintió y le entregó su vida a Jesús ahí mismo!

Muchas veces la gente se queda con el cuadro y recuerda las palabras que le compartiste durante muchos años. He regresado diez años después a lugares que visité en los que repartí dibujos y he visto que la gente todavía conserva esos dibujos pegándolos en su espejo o guardándolos en su Biblia. Supongo que es verdad que una imagen dice más que mil palabras.

Procesar la Profecía

A menudo vemos o sentimos algo de parte del Señor, pero no sabemos inmediatamente qué significa o qué debemos compartir. Es bueno que nos tomemos el tiempo de hacerle un par de preguntas al Señor para entender qué significa y cómo se puede compartir mejor. Una buena manera de pensar en esto es con las palabras siguientes:

Revelación es lo que vemos o sentimos. Es la información que sentimos que Jesús nos está mostrando.

Interpretación es lo que crees que significa la información.

Comunicación es cómo compartir mejor esa información.

Aplicación es cómo se va a aplicar la palabra a la vida de la persona y SIEMPRE depende de la persona decidir qué hacer.

Por ejemplo:

Revelación: Ves una imagen de un oso de peluche para alguien.

Interpretación: Pregúntale al Señor qué significa específicamente para esa persona. Algunos significados posibles serían que Jesús quiera darle confort, o que tiene permiso para ser como niño delante de Él, o tal vez el oso de peluche en sí significa algo para la persona y no hay un significado simbólico detrás.

Comunicación: Pregúntale al Señor cuál es la mejor manera de que compartas lo que estás sintiendo con la persona. Puedes compartir:

- Solamente lo que viste o sentiste. "Veo una imagen de un oso de peluche. ¿Eso significa algo para ti?"
- Lo que viste o sentiste y lo que sientes que significa. "Vi una imagen de un oso de peluche y siento que significa que Jesús quiere que sepas que puedes ser como un niño pequeño con Él."
- Solamente lo que significa. "Siento que Jesús quiere darte buenos regalos que traigan confort a tu corazón."

Aplicación: El discernimiento de la aplicación de una palabra profética depende de la persona que la reciba con el Señor, y no debe decírsele como parte de la palabra profética. Cuando recibimos una palabra profética fuerte, es sabio pedir retroalimentación de personas de confianza en nuestras vidas cuando estamos decidiendo cómo aplicarla a nuestra situación.

¿Por qué esto Es Importante?

Una amiga mía dice, "La persona que traiga más esperanza es quien tendrá la mayor influencia." La palabra profética está arraigada en la esperanza y el amor de Dios, Quien ve desde la perspectiva del Cielo sin importar lo que esté sucediendo en la realidad presente. Cuando declaramos lo que es verdad desde la perspectiva de Dios acerca de alguien, eso despierta el corazón de la persona a la esperanza y de hecho puede ser el arranque al movimiento de las cosas en su vida. La Biblia dice que la muerte y la vida están en el poder de la lengua (Proverbios 18:21). Tenemos la oportunidad de declarar fuerza, ánimo, y consuelo para la gente y al hacerlo, ayudarle a alinearse con el plan que Dios tiene para su vida. Así como en la sanidad, podemos profetizarle no solamente a individuos sino también a familias, negocios, barrios, ciudades, naciones, terrenos, y aún a las diferentes áreas (o "montañas") de la sociedad.

Ahora Es tu Turno:

Practica la profetizarle a la gente frecuentemente. ¿De qué maneras te gusta profetizarle a otros? ¿Te gustaría decirles lo asombrosos que son con base en sus nombres? ¿Te gustaría pedirle al Señor que te muestre una imagen y lo que significa para ellos? ¿Dibujarías una versión simple de esa imagen o darías algo concreto como una fotografía? ¿Te gustaría simplemente decirle lo que sentiste que el Señor quiere que compartas con ellos?

Recursos Adicionales:

Échale un vistazo a nuestros entrenamientos proféticos, libros y enseñanzas de:

- Dan McCollam, PropheticCompany.com
- Kris Vallotton, KrisVallotton.com
- Shawn Bolz, BolzMinistries.com

5. Comparte

Comparte tu testimonio de salvación muy brevemente y pregúntale a la otra persona, "¿tú tienes una historia así?"

Apocalipsis 12:11 dice que los creyentes vencieron "por la sangre del cordero y la palabra de su testimonio." La raíz hebrea de "testimonio" (Concordancia de Strong H5749, `uwd) significa "hazlo otra vez." Un testimonio es una historia de algo que Dios ha hecho en tu vida que te da esperanza para otra persona. Un testimonio dice "si Jesús hizo esto por mí, puede hacer el mismo tipo de cosa por ti." Es importante compartir constantemente testimonios de lo que Jesús ha hecho por nuestras vidas, pero es especialmente importante ser capaces de compartir nuestro testimonio de cómo aceptamos a Jesús y las maneras en las que Él nos ha transformado.

Tu Testimonio de 15 Segundos

¡Conocí a unos amigos en una isla remota que ven a 30,000 personas venir a Jesús cada mes! Ellos me enseñaron este modelo para compartir tu testimonio de salvación en solamente 15 segundos de modo tanto persuasivo como poderoso.

Simplemente dices:

1. **"Hubo un tiempo en mi vida en el que yo era ____________ y ____________."**
   Comparte dos palabras (y solamente dos palabras) que describan cómo era tu vida antes de conocer a Jesús (o un tiempo en el que te alejaste de Él si lo conociste de muy chiquito).

2. **"Entonces le rendí mi vida a Jesús."**
   Es importante que la gente sepa que RENDISTE tu vida a Jesús, no sólo hiciste una oración, le creíste a Jesús, o recibiste paz.

3. **"Ahora mi vida es ________ y __________."**
   Comparte dos palabra (y solamente dos palabras) que describan cómo es tu vida ahora que conoces a Jesús.

4. Luego pregúntale a la persona, **"¿Tú tienes una historia así?"**

Escucha lo que tenga que decirte. Hacerle la pregunta y escucharle, le invita a la conversación. Si la gente siente que te importa será más abierta a lo que tengas para decir.

Tu Testimonio de 1 a 3 Minutos

Si tienes un poco más de tiempo puedes expandir el modelo de arriba y simplemente compartir cómo era tu vida:

1. **ANTES de conocer a Jesús** (pasa la menor cantidad de tiempo aquí).
2. Cómo **rendiste** tu vida a Jesús (este es un buen momento para compartir el Evangelio).

3. Como es tu vida **ahora que conoces a Jesús.**
4. Pregúntale otra vez **si tiene una historia similar** e invítale a la conversación.

Al utilizar cualquiera de estos modelos puedes compartir tu historia de muchas maneras distintas y encontrar diferentes escenarios antes de que conocieras al Señor con los que se identifique la persona con la que estás hablando.

Tal vez estás en una conversación con una persona cuyos padres se divorciaron y como los tuyos también se divorciaron, puedes utilizar eso como un puente para compartirle tu testimonio. Podrías decir algo como, "Wow, eso es muy difícil. Hubo un tiempo en mi vida en el que yo estaba muy deprimida porque mis padres también se divorciaron y yo pensé que era mi culpa. Pero entonces un día alguien me compartió acerca de Jesús y..."

Cuando compartas tu historia es importante que seas auténtico, vulnerable, y también específico. "Una vez pasé un momento difícil en mi vida" no comparte nada sobre tu corazón. "Solía odiarme tanto a mí misma que quería morirme" , o "trataba de vivir una buena vida pero siempre sentía que algo estaba mal en mí," permite que la persona vea a tu mundo interior.

También es importante pasar la mayoría de tu tiempo en cómo conociste al Señor y lo que Él ha hecho en tu vida desde entonces y NO en lo mala que era tu vida antes. Algunas personas pasan mucho tiempo en lo mal que iban sus vidas antes y luego solamente dicen, "después de eso conocí a Jesús y todo estuvo mejor." En primer lugar, escuchar todas tus malas historias puede ser deprimente y en segundo lugar, un final así no se siente auténtico y no comparte ninguna historia esperanzadora en concreto.

Finalmente, como con todos los demás principios que estamos cubriendo; conciso y preciso es mejor. Al compartir, mantente en conexión con la persona. Después, invítale sinceramente a dialogar y luego escucha lo que vaya a decir.

Si yo fuera a compartir mi testimonio diría algo como:

"Hubo un tiempo en mi vida en el que... yo me sentía muy deprimida y rechazada. Sentía que nunca iba a poder encajar ni pertenecer, así que me sentía muy sola. A veces incluso pensaba que sería mejor que muriera.

"Luego yo... entré a una iglesia un día y sentí la presencia del amor de una manera en la que nunca la había sentido. El pastor habló de cómo Jesús había muerto en nuestro lugar para que nosotros pudiéramos vivir en plenitud, y en mi corazón supe que eso era lo que me había hecho falta toda la vida. Le rendí mi vida a Jesús y Él comenzó a llevarme por el camino de conocerle y de comprender cómo me diseñó.

"Ahora... he aprendido que soy amada y que fui creada con un propósito. No es que ya no tenga luchas, pero sé que éstas no me definen. Sé que he sido hecha una persona completa y que Jesús me guía cada día.

"¿Te gustaría tener una historia así?"

¿Por qué esto Es Importante?

Apocalipsis 19:10 dice que el testimonio de Jesús es el espíritu de la profecía. Cuando testificamos de cómo conocimos a Jesús, estamos profetizando y compartiendo Su bondad con alguien más. Nuestra historia tiene el poder de hacerle darse cuenta de que esa puede ser su historia. Además, nadie va a discutir con tu historia ni con tu experiencia. La gente puede tener un problema con tus creencias, pero la mayoría de las personas respetarán tu historia. Cuando compartes de manera concisa pero vulnerable, la gente sentirá tu sinceridad y eso tocará su corazón. Al invitarle al diálogo, le darás la oportunidad de compartir su historia. Nada de esto es amenazador para las personas y les estás dando una versión personalizada del Evangelio.

Ahora Es tu Turno:

Escribe la versión de 15 segundos utilizando solamente 4 palabras tuyas y luego escribe la versión de 1 a 3 minutos. En la versión de 1 a 3 minutos por favor limítate a 1 a 3 frases por categoría.

"Hubo un tiempo en mi vida en el que . . .

"Luego le rendí mi vida a Jesús.

"Ahora yo . . .

"¿Te gustaría tener una historia así?"

Ahora practica compartir tu testimonio en voz alta, aún si es contigo mismo. Intenta compartirlo de diferentes maneras y ver lo que se sienta más cómodo y auténtico para ti. Luego practica compartirle tu historia a algunos de tus amigos y pídeles que compartan sus historias. Ve si puedes contar tu historia en 15 segundos o en 1-3 minutos. Finalmente, hazte el propósito de buscar oportunidades de compartir tu testimonio con una variedad de personas e incluso con extraños, conectando con ellos mediante la conversación.

Además de compartir tu testimonio de salvación, es grandioso poder compartir testimonios recientes de lo que Jesús ha hecho en tu vida. Esto puede ser de gran ánimo para las personas y a menudo abrir la puerta para que compartas el Evangelio. Incluso puedes compilar testimonios estratégicamente para compartir de temas específicos con gente que sabes que necesita una victoria en áreas como las finanzas, sanidad, matrimonio, etc.

6. Invita

Comparte el Evangelio en menos de 3 minutos incluyendo una invitación a la salvación. Sé capaz de orar por la otra persona y de compartir cuatro maneras en las que puede crecer.

En Romanos 1:16 Pablo dice, "Porque no me avergüenzo del evangelio, porque es poder de Dios para salvación a todo aquel que cree; al judío primeramente, y también al griego." La palabra "evangelio" literalmente significa "buenas noticias". Compartir el evangelio significa contarle a alguien concretamente lo que Jesús hizo por él e invitarle a tomar la decisión de entregarle su vida a Jesús.

La salvación presenta a la gente con Jesús y es el primer paso a una nueva vida en el Reino. Que la gente se convierta es solamente el principio y conforme van creciendo como creyentes nosotros debemos caminar junto con ellos y ayudar a discipularlos. Estamos emocionados, no nos avergonzamos de compartir las Buenas Noticias del Reino ya sea que estemos sembrando, regando, o trayendo la cosecha. Cuando nos sintamos cómodos siendo nosotros mismos de manera auténtica y demostrando el Reino, encontraremos que mucha gente quiere unírsenos en este camino.

Un día iba en Uber con un amigo de Minnesota y un conductor iraní. Cuando nos subimos al auto, mi amigo comenzó a charlar con el conductor (Punto #1 de ser una Fuerza Imparable). En menos de 30 segundos le preguntó si podía orar por él (Punto #2 de ser una Fuerza Imparable). Más específicamente le preguntó si tenía dolor en su cuerpo que necesitara sanidad (Punto #3 de ser una Fuerza Imparable). Luego oró por él y lo vimos ser sano en ese momento. Después de eso, mi amigo procedió a compartir el Evangelio con nuestro conductor, invitarlo a salvación, dirigirlo en una oración para rendir su vida a Jesús, y compartir puntos útiles de seguimiento con él (Puntos #5 y #6 de ser una Fuerza Imparable). ¡Todo esto sucedió en menos de 5 minutos! Yo estaba en el asiento de atrás del carro y pensé, "¿Qué he estado haciendo con toda mi vida cristiana? ¡Nunca antes había visto algo así!"

De algún modo, nos han enseñado que la gente se ofenderá y no querrá escuchar el Evangelio si intentamos compartirlo. Esto no es verdad. Cuando podemos ser seguros, breves, elocuentes y amorosos en nuestro modo de compartir, la mayoría de la gente es muy receptiva del evangelio.

Después de ese encuentro en el Uber comencé a buscar oportunidades para compartir el evangelio con más personas. Un amigo brasileño me enseñó a preguntarle a la gente, **"¿Tienes la certeza de que si murieras esta noche te irías al Cielo?"** En un principio pensé que era una frase cursi pero luego comencé a utilizarla y me di cuenta de que puede ser mu útil. No siempre funciona, pero si estás hablando con una persona que tiene un marco de referencia general acerca de Jesús y el Cielo, entonces esta pregunta puede ser una buena manera de llevar la conversación al tema de la eternidad. De nuevo, permíteme recordarte que este principio está construido sobre el fundamento de comenzar y quedarte en una conversación con una persona y simplemente valorarla por quien es. Es más probable que utilice esta pregunta después de haber charlado con una persona al menos un par de minutos que al principio de la conversación (eso se siente demasiado atrevido para mi estilo personal, ¡pero tal vez a ti te funcione!)

Un día iba en el avión de un largo vuelo internacional. Al sentarme, comencé a hablar con la mujer sentada a mi lado y comencé a compartirle algunos testimonios divertidos sobre Jesús. Ella parecía muy abierta, sin embargo pensé, "A ver Kristen, este es un vuelo de diez horas. ¿Por qué no solo hablas con ella un rato en vez de compartirle de Jesús desde el principio?" Estaba tratando de no compartirle de Jesús demasiado pronto, pero ella estaba tan abierta que le pregunté, **"Si murieras esta noche, ¿estás segura que te irías al Cielo?"** Ella dijo que no sabía así que le pregunté, **"¿Te gustaría saber cómo estar segura?"** Ella se emocionó mucho y preguntó, "¿Hay forma de estar segura?" ¡Le compartí el Evangelio y ella rindió su vida al Señor antes de que el avión saliera de la pista de despegue!

En otra ocasión estaba en un restaurante con algunos amigos míos en el Valle de Silicio, California. Éramos un grupo grande y a mí me gusta ser especialmente amable con los meseros cuando soy parte de un grupo grande porque sé que puede ser mucho trabajo. Comencé a hablar con nuestra mesera cada vez que venía a nuestra mesa y me aprendí su nombre y algunas cosas sobre ella. Más avanzada la noche le pregunté cómo podía orar por ella.

Ella nos compartió que alguien que conocía había fallecido hacía poco y lo difícil que había sido. Yo le dije que sentíamos mucho escuchar eso y que oraríamos por ella en ese sentido. Después le dije, "sé que esto puede sonar un poco intenso, pero ya que estamos en el tema, si algo te sucediera esta misma noche, ¿estás segura de que te irías al Cielo?" Ella dijo que esperaba que sí y que trataba de ser una buena persona. Entonces le pregunté, "¿Te gustaría saber como estar segura de que te irías al Cielo?" Su rostro se iluminó y dijo que le encantaría escuchar eso. Literalmente se sentó en el piso al lado de nuestra mesa mientras le compartía el Evangelio y mi testimonio, ¡lo que resultó en que rindiera su vida a Jesús!

Una vez que aprendí a compartir el Evangelio de manera sencilla y concreta y hacer una invitación clara a la salvación, compartir el Evangelio se volvió más divertido y mucha más de la gente con la que hablaba se convirtió a Cristo.

A Continuación Algunas Formas Sencillas de Compartir el Evangelio:

Versión 1: Juan 3:16

Juan 3:16 es un versículo grandioso para compartir porque es el versículo más conocido de la Biblia y explica todo el Evangelio. Puedes compartir este versículo con la gente y explicarlo o simplemente compartir los elementos de la salvación que están aquí abajo.

"Porque tanto amó Dios al mundo que dio a su Hijo unigénito, para que todo el que cree en él no se pierda, sino que tenga vida eterna."
Juan 3:16 NVI

Versión 2: Preciso y Conciso

A veces la gente está lista para recibir a Jesús y no necesita comprender intelectualmente lo que está sucediendo hasta después de haberlo recibido a Él.

Puedes simplemente decir, "¿Quieres recibir a Jesús?"

Puedes decir algo como, "Jesús te conoce. ¿Tú lo conoces a Él? ¿Quieres conocerlo? Ora conmigo en este momento."

Ora con la persona y explica después lo que sucedió.

Versión 3: Comparte el Evangelio en Solo Cuatro Palabras (Junto con Cuatro Imágenes y Señas).

Estas son cuatro palabras que tienen el propósito usarse para recordar fácilmente cómo compartir el Evangelio. Además de estas palabras puedes utilizar estas señas de manos para ayudarte a ti mismo a recordar e incluso compartir con otros cuando sea apropiado. También están incluidos algunos versículos de la Biblia en estos principios para que puedas ver de qué parte de la Biblia vienen.

AMOR

Dios es un buen Dios (a veces digo que es un buen Padre) que hizo al mundo y a las personas. Él nos ama y quiere estar en relación con nosotros como Sus hijos.

Di: "Dios nos ama y quiere que estemos con Él."

Acción: Abrázate a ti mismo.

"Porque tanto amó Dios al mundo que dio a su Hijo unigénito, para que todo el que cree en él no se pierda, sino que tenga vida eterna."
Juan 3:16

* Es importante comenzar con el amor y establecer que Dios es bueno y amoroso.

PECADO

Cada uno de nosotros ha hecho cosas que sabemos que están mal. Cuando hacemos cosas malas nos alejamos de Dios.

Di: "Cuando hacemos cosas malas, nos alejamos de Dios."

Acción: Pon tu mano hacia fuera y mira para el otro lado, como si estuvieras rechazando a alguien.

"Por cuanto todos pecaron, y están destituidos de la gloria de Dios."
Romanos 3:23

"Porque la paga del pecado es muerte, mas la dádiva de Dios es vida eterna en Cristo Jesús Señor nuestro."
Romanos 6:23

* Esto es importante porque muestra el problema que tenemos y también que nosotros somos los que estamos rechazando a Dios a causa de nuestras decisiones. No tenemos que usar necesariamente la palabra "pecado", sino que podemos hablar de hacer cosas malas.

REGALO

La mayoría de la gente sabe que Jesús murió en la cruz, pero no necesariamente sabe porqué murió. El Padre nos amó tanto que envió a Jesús a vivir una vida perfecta y morir en la cruz para pagar por todo lo malo que hemos hecho. Jesús no se quedó muerto, sino que se levantó de la tumba tres días después.

Di: "Jesús, el hijo de Dios, vivió una vida perfecta, murió en la cruz, y se levantó de los muertos para pagar por todo lo malo que hemos hecho."

Acción: Extiende tus manos a los costados como Jesús muriendo en la cruz.

"Mas Dios muestra su amor para con nosotros, en que siendo aún pecadores, Cristo murió por nosotros."
Romanos 5:8

"Porque por gracia sois salvos por medio de la fe; y esto no de vosotros, pues es don de Dios; no por obras, para que nadie se glorie."
Efesios 2:8-9

* Esto es importante porque nosotros no podemos trabajar lo suficiente como para salvarnos a nosotros mismos. No somos perfectos, pero Jesús lo fue. También es importante decir que <u>se levantó de los muertos</u> porque esa es la razón por la que Él tiene el poder para salvarnos.

ELECCIÓN

Esto nos deja con una elección. Podemos rechazar lo que Jesús hizo por nosotros, pero esto significa que tendremos que pagar por todas las cosas malas que hayamos hecho y la Biblia dice que estaremos separados de Dios para siempre. O podemos aceptar lo que Jesús ha hecho por nosotros, apartarnos de las cosas malas que hemos hecho, hacerlo nuestro único Dios, y ser restaurados al Padre para siempre.

Di: "Esto nos deja con una elección. Podemos rechazar lo que Jesús ha hecho y quedarnos separados de Dios para siempre. O podemos aceptar lo que Jesús ha hecho por nosotros, apartarnos de lo malo que hemos hecho, rendir nuestras vidas a Él, y hacer a Jesús nuestro único Dios. ¿Te gustaría hacer eso en este momento?"

Acción: Pon tu mano sobre tu barbilla y haz una expresión como si estuvieras tomando una gran decisión.

"Que si confesares con tu boca que Jesús es el Señor, y creyeres en tu corazón que Dios le levantó de los muertos, serás salvo. Porque con el corazón se cree para justicia, pero con la boca se confiesa para salvación."
Romanos 10:9-10

* Esto es importante porque nos muestra que somos responsables de hacer una elección. También trata del arrepentimiento (alejarnos de las cosas malas que hemos hecho) y rendir nuestras vidas a Jesús (hacerlo nuestro único Dios, o también puedes decir hacerlo nuestro Señor y Salvador). Asimismo puedes decir que

si estamos separados de Jesús para siempre la Biblia dice que nos iremos al infierno, pero si rendimos nuestras vidas a Él no sólo iremos al Cielo cuando muramos, sino que además experimentaremos la vida eterna desde ahora. Es bueno hablar de rechazar a Jesús primero y de aceptar a Jesús segundo. Finalmente, asegúrate de preguntarle a la persona si quiere hacer eso de inmediato.

Oración de Salvación

Cuando una persona quiere rendir su vida a Dios, orar por ella puede ser tan fácil como un **A, B, C**. Pídele que repita cada parte de su oración en voz alta, después de ti. Siéntete libre de decir esto en tus propias palabras, y mantenlo preciso y conciso.

A - "Jesús, **Admito** que he hecho cosas malas y me he alejado de Ti."

B - "**Creo** que Tú moriste en la cruz para pagar por todo lo malo que he hecho y que Te levantaste de los muertos."

C - "Te recibo por lo que Tú hiciste por mí. Yo **Elijo** alejarme de las cosas malas que he hecho y rendir mi vida a Ti."

Si quieres, incluso puedes utilizar las mismas cuatro palabras y/o señas que utilizaste para compartir el Evangelio para dirigir a alguien en la oración de salvación.

AMOR - Gracias

Di: "GRACIAS Jesús por amarme."

PECADO - Admitir

Di: "ADMITO que me he apartado de Ti"

REGALO - Creer

Di: "YO CREO, Jesús, que Tú moriste en la cruz y te levantaste de los muertos."

ELECCIÓN - Elegir

Di: "Yo ELIJO alejarme de lo malo que he hecho, rendir mi vida a Ti, y hacerte mi Dios."

Dos Cosas Poderosas Adicionales que Puedes Orar

PERDONA

Di: "Perdono a todos los que me han lastimado."

LLENA

Di: "Espíritu Santo, lléname ahora."

Seguimiento con Cuatro Maneras de Crecer

Después de orar con alguien para que reciba al Señor, es importante compartir algunas instrucciones de seguimiento de lo que deben hacer ahora. Comparte estas cuatro maneras de crecer y di:

"Ahora que le has rendido tu vida a Jesús es importante que tú ____________. "

1. **Ores**. Habla con Dios y escucha lo que Él te responda.

2. Consigue y lee la **Biblia**, comienza con el libro de Marcos o Juan.
3. Únete a una **Iglesia** local (o a un grupo de creyentes) que prediquen a Jesús.
4. **Comparte** de Dios con otras personas.
5. Si quieres, puedes agregar una quinta manera de crecer: **Haz lo Bueno**. Comienza a hacer cosas buenas en todo lo que sabes y confía en que Dios lo usará para traer Su Reino.

Si es de utilidad hacer señas, ya sea para que recuerdes y/o para comunicarte con los demás, también puedes compartir instrucciones de seguimiento de esta manera.

ORA

Di: "La oración es hablar con Dios. Escucha lo que Dios te responda y sigue su guía."

Acción: Manos juntas, orando.

BIBLIA

Di: "Consigue una Biblia y léela regularmente. Un buen lugar para empezar es en el evangelio de Marcos o Juan."

Acción: Manos juntas, palmas arriba, como un libro.

IGLESIA

Di: "Únete a una iglesia local que predique a Jesús y pasa tiempo con otros creyentes."

Acción: estrecha tus manos para mostrar conexión con otra gente.

COMPARTE

Di: "Cuéntale a otros sobre Dios y lo que Él ha hecho por ti. También puedes hacer lo que Jesús hizo al mostrar amor a la gente, sanar a los enfermos, etc."

Acción: Pon tus manos a los lados de tu boca como si estuvieras anunciando algo.

¿Por qué esto Es Importante?

En Marcos 16:15 Jesús le dijo a sus seguidores "Id por todo el mundo y predicad el evangelio a toda criatura." En Mateo 28:19 Jesús nos dijo que hiciéramos discípulos de todas las naciones. Aún cuando la Biblia nos ordena compartir nuestra fe con otros, yo creo que la mayoría de los cristianos no solamente no saben cómo compartir el evangelio con otros, sino que además tienen miedo de compartir lo que saben. Para muchos de nosotros esto es simplemente porque nunca hemos practicado realmente el Evangelio al punto de sentirnos cómodos y confiados al comunicarlo con otros.

Ahora Es tu Turno:

¿Estás seguro que si te murieras esta noche te irías al Cielo? ¿Le has rendido tu vida a Jesús por completo? Si no es así, o si no estás seguro, tómate unos momentos ahora para hacer las oraciones de esta sección al Señor, desde tu corazón.

Practica hacer esta pregunta tú solo en voz alta y luego pídele al Señor que te lleve a la gente y las conversaciones en las que puedas presentarla. **"¿Estás seguro que si murieras esta noche te irías al cielo?** ¿Te gustaría estar seguro?" Si la persona dice, "Sí, estoy seguro," entonces pregúntale, "¿Cómo sabes de seguro?" Entonces ten un diálogo con él. ¿Piensa que se va a ir al cielo por sus buenas obras o porque es una buena persona "religiosa"? Mucha gente dice "conocer" a Jesús pero lo que realmente quiere decir es que "sabe de" Él o tal vez que va a la iglesia. Sin embargo, puedes ver donde está realmente parado, preguntándole, "¿Le has rendido tu vida completamente a Jesús y lo has hecho tu único Dios? "¿Es Jesús tu Señor y Salvador? O, ¿Conoces a Jesús como conoces a tu mejor amigo?"

Practica compartir el Evangelio en tus propias palabras en menos de 3 minutos, con una invitación clara a la salvación al final. Puedes escribirla en tus propias palabras, compartirla en voz alta contigo mismo, o compartírsela a un amigo para comenzar. Luego, practica orar con un amigo y pídele que repita después de ti como harías si estuvieras dirigiendo a alguien en una oración de conversión.

Conforme te sientas más cómodo compartiendo el Evangelio, verás que la conversación fluye mejor. Pídele al Señor que te dé oportunidades de compartir el Evangelio con otros y mantente dispuesto a llevar la conversación tan lejos como se pueda. Recuerda que tú tienes el Evangelio, que son las Buenas Noticias, para compartir con la gente. El Evangelio tiene el poder de transformar la vida entera de una persona y es un gozo poder compartirlo.

Recursos Adicionales:

- CompassionToAction.com
- GGA.global
- LoveSaysGo.com
- NoPlaceLeft.net

- 4CMCInternational.org
- T4Tonline.org
- PowerAndLove.org
- IrisGlobal.org
- YWAM.org

7. Camina

Pastorea, discipula, y cuida de la gente. Sé un buen prójimo, un amigo y una familia para ellos en el camino.

Jesús dijo que el pastor verdadero cuida de sus ovejas (Juan 10:11,14). Él nos dijo que hiciéramos discípulos de todas las naciones (Mateo 28:18-20) y que fuéramos buenos prójimos (Mateo 22:39). En la iglesia primitiva, los creyentes se reunían regularmente (Hechos 2:42-47) y Pablo nos dijo que todos los creyentes son miembros del cuerpo de Cristo (Romanos 12; 1 Corintios 12).

Dios es un Dios relacional por lo tanto nuestro caminar involucra tanto nuestra relación con Él como con otras personas. Al demostrarlo e invitar a la gente a experimentar y entrar al Reino de Dios, tenemos la oportunidad de vivir esta travesía con ellos. A veces nuestro caminar con la gente es solo por unos momentos y a veces caminamos juntos durante toda una vida.

Hay diferentes niveles de relación al caminar con otros. Así como Jesús cuidó de la relación con Su Padre por encima de todas las demás (Juan 5:19; Lucas 6:12), nosotros también caminamos con el Señor diariamente y continuamente nos acercamos a Él al pasar tiempo en la Biblia. Como Jesús con el hombre gadareno (Marcos 5) o con la mujer del pozo (Juan 4), a veces nuestro caminar con la gente es solamente un breve encuentro. Como Jesús ministrando a las multitudes (Mateo 9:36), fuimos llamados a servir a otros incluso si nos es inconveniente suplir las necesidades de gente que no conocemos.

Aun Jesús no pudo acompañar a profundidad a todos. Como Su gran grupo de discípulos y los setenta que envió (Lucas 10), nosotros caminaremos con gente de nuestra comunidad de la fe y ayudaremos a discipular a grupos más grandes de personas. Así como Jesús tuvo a doce seguidores, tres amigos más cercanos (Marcos 9:2), y aún uno que fue el más cercano, Juan, así tenemos diferentes niveles de relaciones. Jesús tomó tiempo para cuidar a Su madre aún cuando estaba agonizando en la cruz (Juan 19:25-27), y nosotros también debemos de cuidar y priorizar a nuestras familias. Podemos cambiar al mundo al comenzar por nuestro hogar. Después de invertir en nuestras conexiones más cercanas como nuestro cónyuge, padres, miembros de la familia extendida y amigos cercanos; podemos agregar a otros a nuestro caminar desde la abundancia de nuestras conexiones más profundas y nunca a costa de éstas. Nuestro caminar con cada persona será único, dependiendo de la persona y de la temporada de la vida.

He tenido el privilegio de caminar por la vida con muchas personas. Cuando recién me convertí mi hermano mayor fue mi mentor y me enseñó cómo estudiar la Biblia y escuchar de Dios a través de la Escritura. Mis padres han invertido en mí toda su vida. En los últimos años yo he sido discipulada, mentoreada y en temporadas aún adoptada por amigos y líderes de ministerios que han destinado innumerables horas y recursos en mí. Mi caminar con cada persona me ha impactado grandemente y ha contribuido a formar quién soy actualmente.

A través de estas relaciones he aprendido algunas lecciones importantes. Necesitamos desesperadamente tener personas en nuestras vidas. Debemos darle a algunas personas de confianza acceso a nuestros corazones para que hablen a nuestras vidas y realmente escuchar su consejo, aún si el proceso no siempre se siente bien. Al escuchar del consejo de otros también somos responsables de escuchar de Dios por nosotros mismos y somos poderosos para asumir las decisiones que tomemos.

Las relaciones cambiarán a lo largo del tiempo. Es mejor no poner expectativas en otros porque esto podría lastimarnos. Utiliza el discernimiento al momento de ponerle un título espiritual a una relación como "hermana", "padre espiritual", "mentor", "amiga de pacto", etc. A veces las etiquetas pueden ayudar a definir los límites y a veces pueden despertar expectativas no comunicadas. Cuando tengas duda, discute cualquier expectativa relacional con la otra persona. Todas las conexiones auténticas con otros eventualmente involucrarán dolor y conflicto con el que necesitarás lidiar. Al perdonar y confrontar en amor, esas relaciones se volverán más fuertes. Una sola persona no puede nunca suplir todas nuestras necesidades. Si una persona, o mi expectativa de ella, se convierte en mi fuente de vida, he puesto esa relación en el camino al fracaso.

Las relaciones saludables demuestran el amor y el carácter de Dios para con nosotros, pero a final de cuentas necesitamos aferrarnos al Señor. Con Jesús, Dios Padre y Espíritu Santo como el centro de mi vida, ahora todas las relaciones se convierten en un regalo por la cantidad de tiempo que tengamos la oportunidad de caminar juntos (en vez de que yo demande que esas personas suplan mis necesidades). La mejor manera de mantener al Señor en el centro de nuestras vida es ayudar a otros a hacer lo mismo, es arraigarnos en una conexión tanto con el Espíritu como con la Palabra de Dios.

La Biblia

La Biblia es la Palabra de Dios, es el fundamento de todo mientras caminamos con Dios y con los demás en Su Reino. Nos muestra quién es Dios, quiénes somos nosotros, cuál es el plan de Dios para el mundo, y cómo vivir nuestras vidas. Dios escribió el libro, pero no está contenido completamente en la Biblia. Dios sigue hablando hoy, sin embargo todo lo que creemos, enseñamos y hacemos debe estar alineado con Su Palabra escrita.

No todas las situaciones en las que nos encontremos van a estar en la Biblia, pero la Biblia nos muestra todos los principios que necesitamos para vivir y caminar con el Señor. Jesús es el Verbo hecho carne (Juan 1:14). El Espíritu Santo, que ahora vive en nosotros, escribió la Biblia mediante gente y nos enseña y nos lleva a toda la verdad (Juan 14:26). Al leer la Biblia aprendemos a comprender su historia y relatos y también conectamos nuestros corazones con el Señor para escuchar lo que Él nos está diciendo hoy. Es importante que tengamos un plan para leer la Biblia regularmente.

La Palabra de Dios está viva y es poderosa y como creyentes tenemos a su autor, Espíritu Santo, ¡viviendo dentro de nosotros! Cuando leemos la Biblia lo hacemos en relación con el Espíritu Santo. Le pedimos que nos guíe y nos ayude a entender la Palabra, tanto con nuestras mentes como con nuestros corazones para que nuestras vidas sean cambiadas. Entre más nos sepamos la Biblia, más material tendrá el Espíritu Santo para enseñarnos. Imagina los materiales y herramientas para construir una casa. Entre más materia prima tengas más podrás construir.

La Biblia se explica sola. Entre más conozcamos y comparemos lo que dice la Biblia en diferentes lugares con lo que dice la Biblia en otros lugares, más podemos comprenderla y acercarnos a Dios. Aún cuando no comprendamos todo lo que leemos, podemos confiar en saber que poner la Palabra de Dios dentro de nosotros es tan importante como comer alimentos y beber agua. Entre más leamos la Biblia más hambrientos y sedientos estaremos por ella. Es importante que pasemos tiempo en la Palabra aún si no sentimos ganas de hacerlo.

Lo ideal es que leamos la Biblia todos los días. Muchas veces al leerla sentiremos que el Señor nos lleva a un versículo o historia específicos. Cuando esto sucede es importante que pasemos tiempo con el Señor ahí y veamos lo que Él quiere compartir con nosotros. A veces comprenderás esto con tu mente y otras veces sentirás que Él está haciendo algo en tu corazón aún si no comprendes completamente lo que estás leyendo.

JABÓN (S.O.A.P. Por sus siglas en inglés)

La mejor manera que he encontrado de conectar con la Biblia por mí misma y también de enseñarle fácilmente a la gente y discipular a otros de llama SOAP (acróstico de 'jabón' en inglés). Significa eScritura, Observación, Aplicación, y Oración (Prayer en inglés). Esto viene de un material en inglés que se llama "Diario de la Vida" (Life Journal - www.lifejournal.cc) y funciona mejor cuando lo usas con un plan de lectura de la Biblia. La idea es seleccionar un pasaje para leer y preguntarle al Señor UNA cosa específica que Él quiera hablarte mediante ese pasaje que puedas aplicar a tu vida. Esto funciona mejor cuando puedes escribir los pasos de SOAP en un par de oraciones cortas. Especialmente para nuevos creyentes, es mejor seleccionar un pasaje del Nuevo Testamento, Salmos o Proverbios.

Ejemplo de SOAP:

eScritura

"Yo soy la vid verdadera, y mi Padre es el labrador. Todo pámpano que en mí no lleva fruto, lo quitará; y todo aquel que lleva fruto, lo limpiará, para que lleve más fruto."

Juan 15:1-2

Observación

Jesús es mi fuente. El Padre quita cosas para bien y me ayuda a enfocarme. Aún ajusta lo bueno para hacerlo mejor.

Aplicación

Hoy buscaré cosas que el Padre esté quitando y ajustando. Con gozo confiaré en que es por mi bien, aún si significa soltar cosas a las que estoy apegado.

Oración (Prayer)

"Padre, Tú sabes que ha sido difícil para mi limitar mis opciones y decir que 'no', ¡pero ahora recuerdo que Tú ya estás obrando en este proceso! Hoy por favor ayúdame a ver lo que estás haciendo para que yo pueda soltar por completo lo que Tú estás quitando y acoger gozosamente las áreas de mi vida que Tú quieres cambiar."

Plan

Si no tienes ya un plan para leer la Biblia ve a www.YouVersion.com, la parte de atrás de tu Biblia, o busca en internet y elige un plan que te funcione. Como parte del plan puede ser muy poderoso leer un capítulo de Proverbios por cada día del mes en el calendario y elegir un proverbio para reescribir en tus propias palabras.

Más Detalles de S. O. A. P. y Cómo Utilizarlo en un Grupo:

1. Escritura

Elige un pasaje (desde algunos versículos hasta todo un capítulo) y lee el pasaje en voz alta) Puede ser útil escribir parte del pasaje o incluso remarcar diferentes palabras o frases que llamen tu atención. En grupo, pídele a cada persona que escriba las secciones de "observar", "aplicar" y "orar" individualmente. Recuérdales enfocarse en UNA cosa principal que el Señor les esté hablando para aplicarlas a su vida actual. Ora, "Señor, ¿qué estás diciéndome hoy? Por favor guíame y háblame mientras leo." Al leer, pídele al Señor que te muestre una cosa en la cual enfocarte.

2. Observación

Escribe lo que observas sobre el pasaje. ¿Hay alguna lección que aprender algún ejemplo que seguir, una promesa de la cual adueñarte, una forma de conocer mejor a Jesús, etc.?

3. Aplicación

¿Cómo voy a aplicar lo que he leído a mi vida hoy? ¿Qué es lo que Dios me está diciendo? ¿Cómo seré diferente a causa de leer esto? ¿Qué acciones voy a tomar? Sé tan específico como sea posible.

4. Oración

Escribe una oración que incluya orar el versículo, la aplicación, y cualquier cosa que el Señor te haya mostrado.

Si estás en un grupo o con un compañero:

5. Pide a cada persona que lea lo que escribió.
6. Comparte algunos testimonios cortos de lo que Dios está haciendo en sus vidas.
7. Pídele a cada persona que comparta una petición de oración personal, corta y que cierre en oración.

Pastorea y Discipula a las Personas

Cuando le rendí mi vida a Jesús a los trece años le pedí al Señor que me trajera un amigo cristiano. Él lo hizo y ese amigo me invitó a una clase para aprender a ser voluntario en una cruzada de Billy Graham que iba a suceder en mi ciudad. Esa clase de seis semanas me enseñó los principios básicos del cristianismo, cómo llevar a la gente al Señor y cómo liderar un estudio de la Biblia para nuevos creyentes. Yo invité a todos mis amigos a la cruzada y todos se comprometieron a seguir a Jesús. Poco después de la cruzada, comenzamos a reunirnos semanalmente en mi casa y estudiar la Biblia juntos. En seis meses ese estudio de la Biblia se expandió a nuestro instituto (preparatoria) y luego a un grupo de oración semanal de treinta estudiantes que nos reuníamos en la entrada de la escuela. Realmente no sabíamos lo que estábamos haciendo, y no teníamos adultos liderándonos, pero comenzamos a leer la Biblia para poder aplicarla a nuestras vidas y cuidarnos unos a otros.

Cuando llevamos a la gente al Señor, ellos son como bebés recién nacidos entrando al mundo. El trabajo no está terminado, más bien la aventura está apenas comenzando. Después de llevar a alguien al Señor tenemos la oportunidad de discipularlos enseñándoles cómo tener una relación auténtica con Dios.

¿Qué pasaría si no solo invitaras a la gente a la iglesia sino que también abrieras tu casa o algún otro espacio para discipularlos regularmente? Esto no significa que vayas a entrar en competencia con tu pastor. Sin embargo, muchas personas que no irían a una iglesia física irían a tu casa, se reunirían para un estudio de la Biblia, o se reunirían en tu negocio, escuela, lugar de trabajo, o incluso por internet.

Después de llevar a alguien a rendir su vida a Jesús, por lo menos obtén la información de contacto de la persona y ayúdale a conectarse a una iglesia o estudio de la Biblia en el área. Lo mejor que puedes hacer es invitarle a un grupo pequeño o estudio de la Biblia en tu casa en el que le discipules junto con otras personas. Ya sea que eduquemos nosotros a la gente o que ayudemos a conectarlos con otros, debemos darles seguimiento tan pronto como sea posible. Idealmente debemos ayudar a alguien a conectarse a una iglesia o estudio de la Biblia en su área dentro de las 24 horas siguientes a que haya rendido su vida a Dios. Asegúrate de repasar las cuatro maneras de crecer con ellos del capítulo anterior y confirma que de inmediato tienen acceso a una Biblia que puedan comenzar a leer.

Así como Jesús es un buen pastor para con nosotros Sus ovejas, así nosotros podemos cuidar de aquellos que nos rodean. Podemos hacer esto tanto formal como informalmente.

Discipulado en Grupos Pequeños

Si quieres reunir gente formalmente de manera regular, aquí hay un modelo sencillo que puedes utilizar con base en tres de los valores esenciales de ser una Fuerza Imparable: Conecta, Encuéntrate e Invita. Está diseñado para que pasen tiempo juntos en la Biblia, pero también para tener tiempo de compartir testimonios y ayudar a la gente a tomar acciones para aplicar inmediatamente en sus vidas lo que están aprendiendo. La idea es que cualquiera pueda estudiar la Biblia por sí mismo, pero solamente en comunidad podemos ayudarnos unos a otros a practicar lo que estamos aprendiendo y rendir cuentas de cómo lo estamos poniendo en práctica.

Este método no te dice qué estudiar. Te recomiendo utilizar el método SOAP (Escritura, Observación, Aplicación, Oración) y comenzar con un libro del Nuevo Testamento como Juan o Marcos y agregar algunas de las enseñanzas y activaciones de este libro. Por favor toma en cuenta que no necesitas ser perfecto para discipular a otros. Yo comencé como una creyente nueva de trece años y vimos al Señor obrar de manera poderosa en medio nuestro mientras juntos íbamos descubriendo cómo hacerlo.

Conecta: Convive y comparte testimonios. Compartan una comida juntos y/o tengan una 'Cena del Señor'.

Hablen sobre cómo les fue, poniendo en práctica lo que aprendieron la semana anterior.

Encuéntrate: Adora y encuéntrate con la presencia del Señor. Encuéntrense con Él mediante Su Palabra haciendo SOAP juntos o un estudio corto de la Biblia que esté muy enfocado en cómo van a aplicar inmediatamente lo que están aprendiendo en sus vidas esa semana. También puedes hacer activaciones de este libro o de otros libros de la Cultura del Reino. Júntense en grupos de dos o tres y ministren (oren/profeticen) a las necesidades que sienta cada persona. Asegúrate de pasar más tiempo orando que compartiendo peticiones de oración.

Invita: Habla de las siguientes preguntas en grupos pequeños de oración para que todos tengan oportunidad de compartir y practicar. ¿Cómo vas a vivir lo que has aprendido? ¿Hay algo que puedas practicar con alguien del grupo (ej. Practica compartir tu testimonio o jueguen papeles para 'compartirle a alguien' para reconciliarse o comenzar una relación con Dios)?

Preguntas a Considerar. Actualmente, ¿estás discipulando a alguien? ¿Hay personas en tu vida que podrías comenzar a discipular? Si es así, ¿quiénes son? Si fueras a comenzar un grupo de discipulado, ¿cómo se vería? ¿En dónde se reunirían? ¿A quién invitarías? ¿Quién podría ayudarte a dirigirlo?

Alcance Relacional Cuando le abrimos nuestro corazón a Dios, Él promete venir a nuestras vidas y comer con nosotros (Apocalipsis 3:20). Cuando Jesús partió el pan y bebió el vino con Sus discípulos, dijo que hiciéramos esto en memoria de Él y que Él estaría en medio nuestro. Los discípulos del camino de Emaús no reconocieron a Jesús hasta que partió el pan. Ya sea que estemos en un servicio formal de comunión o simplemente comiendo juntos, podemos honrar al Señor en nuestros corazones apartando tiempos de comida intencionalmente para hacernos conscientes de Su presencia e invitar a los no creyentes a unirse a nosotros. Puedes utilizar los mismos principios de Fuerza Imparable de Conecta, Encuéntrate e Invita. Ten el mismo corazón que si estuvieras haciendo un grupo de discipulado formal, pero una estructura menos abiertamente cristiana.

Conecta: Organiza una comida con amigos y/o familia e invita a no-creyentes a asistir. Oren juntos en voz alta antes de comer y aparten la comida para el Señor. Conecten con el Señor y adórenle en sus corazones durante ese tiempo.

Encuéntrate: Muestra amor intencionalmente a aquellos que te rodean. Escúchales y hazles preguntas para conocerles mejor. Sé tú mismo sin otras intenciones y confía en que el Señor va a guiar tus conversaciones.

Invita: Cuando o si encaja naturalmente en tus conversaciones, comparte testimonios, profetízale a tus invitados y/o ofrécete a orar por necesidades que ellos ya hayan compartido contigo.

Sé Prójimo, Amigo y Familia

Cambia al Mundo, Comienza en Casa

Hay mucha gente en el mundo y cada uno de nosotros puede elegir con quién caminaremos y cómo utilizaremos nuestra capacidad relacional. En vez de sentirnos abrumados, ¿qué pasaría si intencionalmente nos concentráramos en ser una Fuerza Imparable con algunas personas con las que ya estamos conectados en la vida cotidiana?

"Pero recibiréis poder, cuando haya venido sobre vosotros el Espíritu Santo, y me seréis testigos en Jerusalén, en toda Judea, en Samaria, y hasta lo último de la tierra."
Hechos 1:8

Como hijos de Dios es nuestra labor primero llenarnos del Reino de Dios y caminar en relación con Él todos los días (esto es recibir al Espíritu Santo con poder personalmente). Luego, somos responsables de vivir en relación y cuidar de las personas que nos rodean como nuestro cónyuge, hijos, miembros de la familia, y amigos cercanos (éste es nuestro Jerusalén). Después de eso nuestro campo misionero es nuestro barrio, nuestros lugares de trabajo o nuestras escuelas (esto es nuestra Judea y Samaria). De la abundancia de llevar el Reino a cada una de esas áreas también podemos alcanzar lo último de la Tierra y ver que suceda transformación en todas las áreas de la sociedad.

Hay un dicho que dice que, "La luz que brilla más lejos, brilla con mayor intensidad en el hogar". Nuestras familia son más importantes que el ministerio o el trabajo. Nuestros vecindarios y lugares de trabajo son nuestro campo misionero. Nuestro trabajo es santo. ¡Podemos cambiar al mundo comenzando por casa!

Sé un Prójimo

Cuando compré mi casa tomé tiempo de orar por la propiedad, bendecirla y bendecir los alrededores apartándolos para el Señor. Gradualmente disfruté ir conociendo a mis vecinos y a menudo les preguntaba como podía orar por ellos. Luego oraba por ellos en ese momento y en ese lugar, de manera no religiosa.

Un día descubrí que accidentalmente había recibido correo de propaganda que supuestamente era para una de mis vecinas, así que toqué a su puerta y se lo di. Sin querer terminé teniendo una larga conversación con ella mientras estábamos ahí paradas en la entrada de su casa. Ella compartió que recientemente había pasado muchas dificultades y yo eventualmente me di cuenta de que debía quedarme en esa conversación y darle importancia. Pude ofrecerle oración y compartirle mi testimonio y el Evangelio. Todavía parada a la puerta de su casa oramos juntas para que ella pudiera alcanzar un nivel más profundo en su relación con Dios. Desde entonces ambas hemos pasado por diferentes enfermedades e incluso ambas perdimos y reconstruimos nuestras casas después de un incendio.

Aunque no hablamos tan seguido, cuando lo hacemos ahora, usualmente terminamos la conversación con una oración.

Evangelismo de Oración

Antes de invitar a otros a experimentar el Reino de Dios, podemos elegir un grupo pequeño de gente con la que vivimos, trabajamos o vamos a la escuela y orar por ellos consistentemente. Podemos declarar palabras de paz, bendición y vida sobre ellos estando a solas con Dios y buscar maneras de construir nuestras relaciones con ellos. Conforme los vayamos conociendo podemos averiguar lo que está sucediendo en sus vidas, alentarlos, y ministrar a sus necesidades. Cuando ellos experimenten el Reino mediante su relación con nosotros, eventualmente habrá oportunidades de compartir el Evangelio con ellos e invitarlos a rendir sus vidas a Jesús. Después podemos continuar nuestro caminar con ellos y discipularlos.

Comenzarás a ver a individuos y familias impactados por el Reino al seguir este modelo. Conforme vayas construyendo relaciones y tus vecinos vayan conociendo al Señor, considera abrir tu casa, oficina o salón de clases para tener reuniones regulares de convivencia y discipularlos. El evangelismo de oración, desarrollado por Ed Silvoso, ha sido probado como un transformador sistemático de comunidades. Lee los pasos enlistados abajo para ver cómo funciona y entra a www.transformourworld.org o lee el libro de "Evangelismo de Cosecha" (Prayer Evangelism) de Ed Silvoso para obtener más información.

Declara Paz y Bendición

Intencionalmente declara palabras de vida, paz y bendición cuando hables con o de la gente y los lugares de tu vida. Bendíceles en tu tiempo de oración personal con Dios.

Adopta a Tus Vecinos

Adopta entre dos y cinco hogares (departamentos, cubículos, casilleros, etc.), a tu izquierda y de dos a cinco a tu derecha, y de cinco a diez en frente de ti. Intencionalmente ora por esa gente consistentemente. (Ej. Considera entrar a tu auto cinco minutos antes cada mañana y orar por tus vecinos antes de irte.) Intencionalmente construye relaciones con esos vecinos y busca maneras de animar y ministrarles a sus necesidades.

Caminata de Oración

Una vez a la semana, sal a caminar en los alrededores de tu casa (y/o escuela, lugar de trabajo, etc.) Al caminar ora por las personas, casas, oficinas, situaciones, etc. en esa área. Declara bendición y paz sobre la gente, los terrenos, los edificios y las circunstancias. Puedes hacer esto solo o con creyentes que sean tus amigos, vecinos o miembros de tu familia. Recuerda que cada vez que oras algo sucede.

Sé Amigo

Dado que no tuve muchos amigos de niña, de adulta ha sido un gozo que el Señor ha traído tanta gente preciosa a mi vida. Es maravilloso tener muchos amigos, pero más que nada he tratado de aprender a ser una buena amiga para un grupo pequeño de gente.

A lo largo de dos años, dos de mis amigas más cercanas perdieron a sus esposos inesperadamente. En tiempos de pérdida a veces es difícil conectar aún con aquellos que son cercanos, ya que a veces no estoy segura de qué hacer o qué decir. Sin embargo, yo sé que hace una diferencia cuando la gente se pone en contacto sin intenciones alternas, está presente, ora y profetiza. Cuando el esposo de mi amiga se enfrentó a una enfermedad terminal nuestra comunidad continuó orando y declarando sanidad a lo largo de su padecimiento, oramos para levantarlo de los muertos, y después nos mantuvimos conectados e hicimos duelo juntos lo mejor que pudimos cuando falleció.

En una sola semana pasé de predicar en un evangelismo para 12,000 personas y ver milagros frente a mis ojos a sentarme con una de mis amigas cuyo esposo había muerto de cáncer la noche anterior. Yo tenía un plan de cómo predicar en el evangelismo masivo; pero no tenía idea de qué decir o hacer cuando estaba sentada con mi amiga. Era igual de importante, si no es que más, sentarme en ese sillón con ella que predicar en el evangelismo la semana anterior. Aún más importante fueron las semanas y meses siguientes, mucho después de que la tragedia inicial había sucedido. Mucha gente es rápida para ofrecer una comida cuando alguien está en crisis, y eso es algo poderoso, pero muy poca gente se queda en lo más profundo del dolor y la incomodidad del duelo extendido y la transición de la vida. Desearía haber sido incluso una mejor amiga durante esos tiempos, pero estoy aprendiendo, como todos, a caminar más profundamente con algunos cuantos.

A la 1:00am de la primavera del 2019, desperté viendo llamas de fuego afuera de mi recámara y escapé diez minutos antes de que mi casa fuera consumida por las llamas. Catorce horas, un millón de galones de agua, cien bomberos y veintiún camiones de bomberos después, mi casa y tres más habían desaparecido, junto con casi todas mis pertenencias. Alrededor de las 4:00am una de mis mejores amigas llegó y estuvo conmigo mientras veíamos juntas como mi casa se quemaba. Ella me dio dinero para comprar ropa y me llevó a su casa donde me quedé varios meses. Esa es verdadera amistad.

En esos días, mucha gente me decía, "te ayudo con lo que sea que necesites". Sin embargo, cuando les pedía ayuda, me sorprendió que solamente algunos cumplían su palabra. Un vecino, que no conocía, me ayudó a secar fotografías. Otra amiga llegó y me ayudó a tirar cosas. Ser amigo no se trata solamente de ser consistente a largo plazo, a veces es acerca de ir muy profundo durante una temporada corta o incluso un momento determinado.

Sé Familia

Hace algunos años yo estaba a punto de subirme a un avión en cuestión de horas para liderar escuelas de ministerio y ayudar con misiones de evangelismo en tres naciones. Mi equipo y amigos habían estado trabajando en muchos de estos eventos por meses y habían sacrificado mucho para organizarlo. Mi papá había tenido situaciones de salud recientemente y yo me estaba asegurando de que él y mi mamá estuvieran bien antes de salir del país por las siguientes seis semanas. Cuando iba conduciendo el auto para ir a despedirme de mis papás, hablé por teléfono con una amiga que me confrontó en amor sobre mi decisión de irme. Le llamé a mi hermano y oré con él y el Señor nos dio 1 Timoteo 5:8, "Porque si alguno no provee para los suyos, y mayormente para los de su casa, ha negado la fe, y es peor que un incrédulo."

Cancelé mi pasaje y mis viajes y me quedé en casa con mis padres. Al final, todo el ministerio sucedió sin mí de todos modos, y yo creo que fue aún más poderoso en mi ausencia. El Señor con mucha gracia vino a mi familia y yo caminé con ellos en casa los siguientes seis meses y volvimos nuestros corazones unos a otros. Mi caminar con mi familia ha sido más importante que mi ministerio.

¿Por qué esto Es Importante?

Jesús nos dijo que discipulemos a otros y tengamos compasión por la gente así como un pastor la tiene por sus ovejas (Mateo 9:35-38). Él modeló para nosotros cómo caminar intencionalmente con el Padre y con la gente en varios niveles de relación. Así como Jesús, aunque no podemos caminar con todos, podemos caminar intencionalmente con algunas personas. Al hacer esto, cambiaremos al mundo, comenzando desde casa.

Ese caminar puede verse como oración o incluso como pasar tiempo con amigos y vecinos no-cristianos, como discipular a personas que hemos llevado al Señor de manera más formal y simplemente escoger ser un buen vecino, amigo y miembro de la familia. Si tenemos un encuentro con alguien con quien no hemos caminado, podemos al menos pedirle su información de contacto y darle seguimiento para ayudarle a encontrar otros creyentes con los cuales crecer.

Ahora Es tu Turno:

SOAP

Encuentra un plan de lectura de la Biblia y utiliza el método SOAP constantemente para mantenerte conectado con el Señor. Conforme traigas personas al Reino, enséñales a conectar con la Biblia de esta forma y hazlo junto con ellos.

Discipula y Pastorea a la Gente

Ayuda a aquellos que lleves a conocer al Señor a conectarse y ser discipulados en alguna parte. Sé anfitrión de alguna reunión formal para discipular gente o informal para alcanzar a tus amigos y vecinos, y utiliza los principios de Conecta, Encuéntrate e Invita.

Sé Prójimo

Adopta de dos a cinco casas, cubículos, casilleros o departamentos de tu izquierda y de tu derecha y de cinco a diez al frente de ti. Ora regularmente por esas personas e intencionalmente conecta con ellos. Haz caminatas de oración en tu lugar de trabajo, escuela, y/o vecindario. Puede que quieras invitar a gente a cenar, ora por los alimentos y busca maneras de mostrarle amor a tus invitados cuando estén comiendo.

Sé Amigo

Ve más profundo con los amigos que ya tienes y busca maneras de ministrarles. Esmérate en estar ahí para ellos tanto en los buenos tiempos como en los difíciles. También mantente abierto a nuevas amistades.

Sé Familia

Identifica tus relaciones más cercanas y ponlas primero, antes que otras prioridades y oportunidades. Invierte en tu cónyuge, hijos, padres y otros miembros de tu familia.

Para terminar esta sección aquí hay algunas preguntas a considerar:

¿Quiénes son las relaciones más cercanas con las que ya estás caminando? ¿Cómo puedes ser una Fuerza Imparable para el Reino de Dios con esas personas? ¿Con quién más querría el Señor que caminaras intencionalmente y cómo se ve eso? Sé consciente de que la mejor manera de cambiar al mundo comienza en casa.

Recursos Adicionales:

- *La Escuela de Ministerio de la Cultura del Reino* de Kristen D'Arpa, KristenDarpa.com
- YouVersion.com
- BibleGateway.org
- *Prayer Evangelism* (Oración de Evangelismo) y otros recursos de Ed Silvoso, TransformOurWorld.org

8. Ajusta

Ajústate a cualquier contexto para agregar mayor valor a la persona con la que estás.

Algunas veces Jesús sanó a la gente dándole una acción que ejecutar (ej. "Levántate y anda"), algunas veces Él declaró sanidad y una persona que estaba lejos fue sanada, otras veces Él echó fuera un espíritu y al menos una vez le puso lodo en los ojos a alguien. Rara vez hizo lo mismo dos veces. Jesús siempre se mantuvo presente en lo que Su Padre estaba haciendo y en lo que cada persona necesitaba en ese momento.

Nuestro último punto en cómo ser una fuerza imparable para el Reino de Dios es sobre siempre ajustar lo que portas y cómo lo portas en el contexto de la situación en la que estás. Sé tú mismo de una manera auténtica con la persona con la que estás hablando de modo que le añada mayor valor. El mundo necesita que seas tú, pero cuando estás lo suficientemente seguro en quién eres, puedes ajustarte a las necesidades de la persona que tengas en frente.

He visto multitudes de niños salirse de una ministración muy bien preparada durante un evangelismo a gran escala porque el mensaje súper planeado era demasiado largo y complicado para los niños en un día cálido y soleado. ¿Cuántos niños nunca tuvieron oportunidad de escuchar el Evangelio porque el predicador no se acomodó a sus necesidades?

Yo había estado planeando durante más de seis semanas hacer una semana de misiones en toda una ciudad de Brasil con un equipo internacional. Tenía un costo total de alrededor de USD$90,000 y parte de la logística era de lo más complicado que había organizado en mi vida, yo estaba haciendo mi mejor esfuerzo para estar preparada. Cuando llegó la noche en la que me tocaba compartirle a más de 3,000 personas que estaban reunidas de toda la ciudad, yo estaba determinada a apegarme al mensaje y el bosquejo que tenía para esa noche. Sin embargo cuando comencé a compartir testimonios de sanidades al principio de la noche, sentí que había gente tan hambrienta que sería mejor que echara por la borda mi mensaje y comenzara a orar por los enfermos en ese momento.

A menudo lucho con la tensión entre apegarme a un plan bien pensado versus ser espontánea en el momento. Esa noche en particular nuestro equipo comenzó a orar por sanidades y muletas y bastones comenzaron a salir volando a la plataforma. En ese momento la gente no necesitaba mi mensaje bien planeado, ellos necesitaban milagros.

Un buen amigo mío me invitó a compartir en un retiro de fin de semana con una tribu indígena con la que él trabajaba en las Filipinas. Me pidió que enseñara algo del material de entrenamiento de la Escuela de Ministerio de la Cultura del Reino que yo he desarrollado. Yo estaba especialmente emocionada por este evento porque el grupo al que le íbamos a ministrar había salido recientemente de una guerra tribal y este sería su primer campamento familiar. Planeamos y nos preparamos y recorrimos todo el pueblo para comprar materiales para este entrenamiento, incluso acarreando libros y hojas de papel en motocicletas por calles lodosas y cruzando ríos. Sin embargo, cuando comenzó el evento había más líderes presentes de quienes la gente necesitaba escuchar, así que el tiempo que tendría para predicar comenzó a reducirse más y más.

Finalmente, llegó mi gran sesión, pero había llovido tanto que no podíamos subir la loma para ir al lugar que tenía el centro de reuniones a causa de todo el lodo. En lugar de eso, un grupo de nosotros se sentó en el pórtico y adoró mientras que la tribu se juntó bajo un gran pabellón y jugaron juntos en la lluvia. Nos reímos mientras veíamos a los niños y adolescentes resbalarse por el lodo. En un lugar en el que había habido guerra solo unos años atrás, la gente no necesitaba un mensaje, necesitaban jugar juntos en la lluvia. Fue difícil para mí dejar ir mis planes, pero me da gustó que finalmente lo hice.

¿Por qué esto Es Importante?

Sin importar cuánto crea que sé, no se trata de mí, ni de mi plan, ni de mis herramientas ni de lo mucho que he trabajado para hacer que algo suceda. Todas esas cosas están ahí para que yo pueda rendir mi vida como un puente sobre el cual camine y conecte con la persona frente a mí.

Paul Eddy, un pastor y mi profesor universitario dijo una vez, "aprende y estudia todo lo que quieras, mientras que al final de cada día puedas postrarte en tu rostro como un niño pequeño delante del Señor. Si algún día ya no puedes hacer eso, entonces haz a un lado tu aprendizaje y tus libros y regrésate hasta que puedas encontrarlo otra vez." De manera similar he escuchado al pastor Bill Johnson decir, "Lo que sabes puede alejarte de lo que necesitas saber si no te mantienes como un novato." Estas frases me hacen darme cuenta de que sin importar cuánto "sepa" en el Señor, si todo mi conocimiento me evita acoplarme a lo que Él está haciendo o poder relacionarlo con la gente, entonces necesito ajustarme.

Todos los principios de este libro están diseñados como herramientas para que conectes con la gente, le ayudes a encontrarse con el amor de Dios y les invites a un caminar más profundo con Él. Sé consciente de que en el Reino al alcanzar a otros, siempre se trata de lo que es mejor para ellos.

Ahora Es tu Turno:

Es bueno estar preparados pero también es bueno estar siempre dispuesto a ajustarte a la situación en la que estés y con la gente con la que estés. Piensa, "¿Qué le agregaría el mayor valor a esta persona?" Considera con quien estás. ¿Cuánto tiempo tienen o cual es su periodo de atención?

Tienes un testimonio poderoso pero compartirías tu historia de modo distinto si estuvieras con pequeños de pre-escolar, que con profesionales de los negocios, o adolescentes revoltosos. También profetizarías un poco diferente si le estuvieras hablando a un amigo en la iglesia versus tu jefe en una compañía secular, o a tu familia extendida en navidad, o a un vendedor en el supermercado. Caminar con una persona puede verse como liderar un grupo pequeño de estudio de la Biblia o simplemente mantenerte conectado con esa persona orgánicamente cuando el Señor lo pone en tu corazón.

Cuando practiques los principios de ser una Fuerza Imparable para el Reino de Dios, asegúrate de ajustar lo que haces para agregar el mayor valor a la persona o personas con quienes estés. Reconoce que lo que puede agregar valor en una temporada, puede ser diferente en la siguiente temporada.

A continuación se muestra una gráfica que resume los 8 principios.

Cómo Ser una Fuerza Imparable

ENCUÉNTRATE

1. Conecta Donde todo comienza

Entabla una conversación y quédate en ella.

2. Ora

¡Cada vez que oramos, algo sucede!

Pregunta, "¿Cómo puedo orar por ti?"

3. Sana

La sanidad siempre es la voluntad de Dios

Pregunta, "¿Tienes algún dolor en el cuerpo?"

4. Profetiza

Fortalece, anima y consuela.

"¿Puedo decirte lo increíble que eres con base en tu nombre?"

INVITA

5. Comparte Tu testimonio de salvación.

1. Hubo un tiempo en el que mi vida era ________ y ________ (2 adjetivos).
2. Luego le rendí mi vida a Jesús. Ahora soy ________ y ________ (2 adjetivos).
3. ¿Tienes una historia así?

6. Invita Comparte el Evangelio, ora con la persona y dale seguimiento.

¿Tienes la certeza de que si murieras esta noche te irías al Cielo?
¿Te gustaría saber cómo estar seguro?

Evangelio

AMOR: Jesús nos ama y quiere estar con nosotros.

PECADO: Todos hemos hecho cosas malas y nos hemos alejado de Él.

REGALO: Jesús murió en la cruz y resucitó de los muertos para pagar por lo malo que hemos hecho

ELECCIÓN: Esto nos deja con una elección. Podemos rechazar lo que Jesús ha hecho y quedarnos separados de Dios para siempre. O podemos aceptar lo que Jesús ha hecho, alejarnos de lo malo que hemos hecho, rendir nuestras vidas a Él y hacer a Jesús nuestro único Dios. "¿Quieres hacer eso en este momento?"

Salvación

Dirige a la gente a hacer esta oración.

AMOR: GRACIAS Jesús por amarme.

PECADO: ADMITO que me he alejado de Ti.

REGALO: Jesús, yo CREO que Tú moriste en la cruz y te levantaste de los muertos por mí.

ELECCIÓN: ELIJO alejarme de lo malo que he hecho, rendirte mi vida y hacerte mi Dios

PERDONA: Perdono a todos los que me han lastimado.

LLENA: Espíritu Santo, lléname ahora..

Seguimiento

Dale estas instrucciones a los nuevos creyentes para que sigan adelante.

ORAR: Habla con Dios, escucha Su respuesta y sigue su guía.

BIBLIA: Consigue una Biblia y léela constantemente, comenzando por Marcos o Juan

IGLESIA: Únete a una iglesia local que predique a Jesús y pasa tiempo con otros creyentes.

COMPARTIR: Comparte sobre Jesús con otras personas.

LO BUENO: Comienza a hacer cosas buenas en todo lo que sabes

CONECTA

7. Camina Pastorea, discipula, y sé prójimo, amigo y familia.

- Jabón (SOAP): eScritura, Observación, Aplicación, Oración
- Adopta a tus vecinos (en la casa, escuela o trabajo) orando por las 2 a 5 casas (o escritorios o casilleros) a tu derecha e izquierda y las 5 a 10 que tengas en frente.
- Haz caminatas de oración.
- Comparte una comida con otros.
- Sé un amigo intencional.
- Pon primero a tu familia.
- Discipula a la gente en tu hogar mediante los principios de Conectar, Encontrarse e Invitar.

8. Ajusta Haz lo que sea mejor para la persona que tengas en frente.

Ajusta estos principios a cualquier contexto para agregar el mayor valor y ayudar a la gente a encontrarse con el amor de Dios.

Gracias

¡Gracias por acompañarme en esta travesía de convertirnos en una fuerza imparable para el Reino de Dios! Hemos cubierto mucho terreno a lo largo de estas pocas páginas condensadas, y realmente creo que la historia de tu caminar apenas está comenzando.

Después de leer este libro una vez, considera hacerlo otra vez y practicar un principio cada día o incluso un principio por semana. No tengas miedo de practicar y no te sientas mal si te toma un poco de tiempo que te salga bien.

Conforme te vayas familiarizando más y más con estos ocho principios, haz la transición a aprender a enseñárselos a alguien más y luego continúa compartiéndolos con otros creyentes para entrenarlos y equiparlos. Si quieres ir aún más profundo, busca los recursos adicionales de la Escuela de Ministerio de la Cultura del Reino en la siguiente página.

Jesús le dijo una vez a Sus seguidores, "El reino de los cielos está estallando, y la gente apasionada es la que se ha aferrado a su poder" (Juan 11:12b Versión de La Pasión, Traducción Libre). ¡Este versículo ahora es verdad acerca de ti!

Mantén registro de tus testimonios y prepárate para que estos principios se conviertan en parte de tu vida cotidiana fácil e ininterrumpidamente, ¡conforme te vas convirtiendo en una fuerza imparable para el Reino de Dios!

Con Gozo en el Caminar,

Kristen D'Arpa

P.D. Si has disfrutado este libro, por favor entra a Amazon.com y deja tu opinión. Esto inspirará a otros a ser parte de este caminar. También puedes visitar mi página pública de Facebook para ver actualizaciones constantes, videos en vivo, y contenido alentador.

Escuela de Ministerio de la Cultura del Reino
KristenDArpa.com
FaceBook.com/KristenDArpa.iGG

Reconocimientos

Mamá y papá, su amor y oraciones hicieron posible que aprendiera las lecciones que contiene este libro. ¡Espero que reciban una gran cosecha por ello!

Kathy D'Arpa gracias por ser una de las primeras personas en leer este libro y por decirme que es bueno.

A mi equipo de Cultura del Reino: Myrna y Roger Eilers, Carole y Jim Smith, Kathy Silvers y Galina Shelepen. Gracias por estar conmigo en esta travesía, por todo su apoyo y aliento, horas de discusiones, enormes ediciones ¡y por llevar la Cultura del Reino alrededor del mundo!

Angela Smith, gracias por asociarte conmigo y por hacer este libro una bella realidad.

David Sluka, gracias por ser uno de mis campeones. Tu tiempo, sabiduría y pericia me ayudaron a hacer esto suceder.

Nathalie Benson, gracias por dejarme incluir parte de nuestro caminar en estas páginas y por enseñarme a ser una buena amiga.

Diana Kokku, gracias por tu amistad y ánimo. Has estado ahí a lo largo de las etapas del caminar representado en estas páginas.

Dave y Noreen Hauer, gracias por tomarme bajo sus alas, permanecer conmigo, y modelar tan bien estos principios.

Pastores Jamey y Nikki VanGelder, gracias por cultivar una comunidad profética donde estos principios son normales y por enseñarme acerca de caminar con otros.

Rubens y Stefanie Cunha, gracias por ayudarme a aprender cómo compartir el evangelio, compartir su plataforma, y confiarme a su familia y por su amistad.

Marcy Babor, estar contigo y con CMC me ha desafiado y fortalecido para compartir mi fe. Gracias Paul, Jill y Luz por traer la cosecha tan fielmente.

Caleb y Gladis Byerly, gracias por enseñarme cómo se ve amar a las personas y ajustarse a lo que es mejor para ellas. Ustedes son dos de mis héroes.

Paul Rapley, gracias por inspirarme en la sanidad y el evangelismo y por ser parte de una de las historias de este libro.

Dr. Doyal VanGelder, gracias por enseñarme sobre S.O.A.P.

Recursos

Los libros de la Cultura del Reino también pueden enseñarse en talleres de 1-3 días.

Cultura del Reino: Cómo ser una Fuerza Imparable

Ocho Principios que te harán una fuerza imparable para el Reino de Dios. Este pequeño cuaderno también contiene historias y testimonios de cada principio.

Los Temas Incluyen:
Conexión, Oración, Profecía, Sanidad, Testimonios, el Evangelio, Discipulado, y más.

Tiempo para Completarlo:
5 - 8 horas, en un ambiente de grupo.

La Escuela de Ministerio de la Cultura del Reino es una experiencia de escuela de ministerio intensiva, basada en la activación, diseñada para arraigar a los individuos en su identidad, establecerlos en mentalidades del Reino, y equiparlos para tener confiadamente un estilo de vida del Reino.

Estos manuales están diseñados para ser utilizados en grupos pequeños, grupos de jóvenes, estudios de la Biblia, escuelas de ministerio, o como un devocional diario. Cada página contiene un concepto del Reino con una base bíblica, descripción, activación, y aplicación. Los conceptos se edifican unos sobre otros pero también pueden hacerse por sí solos y en cualquier orden.

Escuela de Ministerio de la Cultura del Reino: Core

Contiene 80 conceptos del Reino y 180 activaciones, condensando el equivalente de un año de experiencia de escuela de ministerio a una referencia que puedes tener en tus manos. Incluye Guía del Facilitador.

Los Temas Incluyen:
Identidad, Mentalidades del Reino, la Biblia, Principios Fundamentales, Salud Personal, Evangelismo, Dones, Sanidad Física, Profecía, Creatividad del Reino y Transformación de la Sociedad.

Tiempo para Completarlo:
25 a 40 horas, en un ambiente de grupo.

Escuela de Ministerio de la Cultura del Reino: Expandida

Contiene más de 250 conceptos del Reino y 340 activaciones en cada área de la vida del Reino. Incluye Guía del Facilitador.

Los Temas Incluyen:
Conceptos del Reino a lo largo de la Historia Bíblica, Mentalidades del Reino, Principios Fundamentales, Estudio de la Biblia, Salud Personal, Evangelismo, Dones Espirituales, Sanidad Física, Profecía, Creatividad del Reino, Transformación de la Sociedad, y El Nuevo Cielo y la Nueva Tierra.

Tiempo para Completarlo: De 100 horas a dos meses, en un ambiente de grupo. También funciona bien como un recurso continuo.

Los libros de la Cultura del Reino están disponibles actualmente en español, portugués, polaco, ruso, francés, chino e indonesio. Pronto habrá traducciones a más idiomas.

Historias en Fotografía (*Photo Stories*)

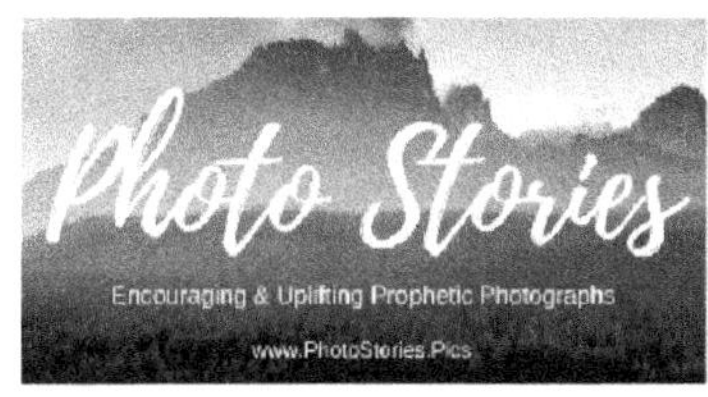

Esta herramienta de bolsillo para alcances misioneros contiene 92 fotos extraíbles de arte original y capturas de misiones globales. Entra a internet para leer la historia detrás de cada foto, ¡y comparte la historia que sucedió cuando regalaste la foto! Incluye testimonios de misiones y una guía de instrucciones.

El Llamado (*The Pull*)

PULL

Entabla conversaciones con este libro de mesa de centro de fotografías, arte, poesía y encuentros con Dios.

Para ordenar manuales o pedir una escuela enseñada en vivo en tu área, visita:

KristenDArpa.com

www.ingramcontent.com/pod-product-compliance
Lightning Source LLC
La Vergne TN
LVHW012110160826
845678LV00014B/3015

* 9 7 9 8 6 8 1 3 4 8 3 4 4 *